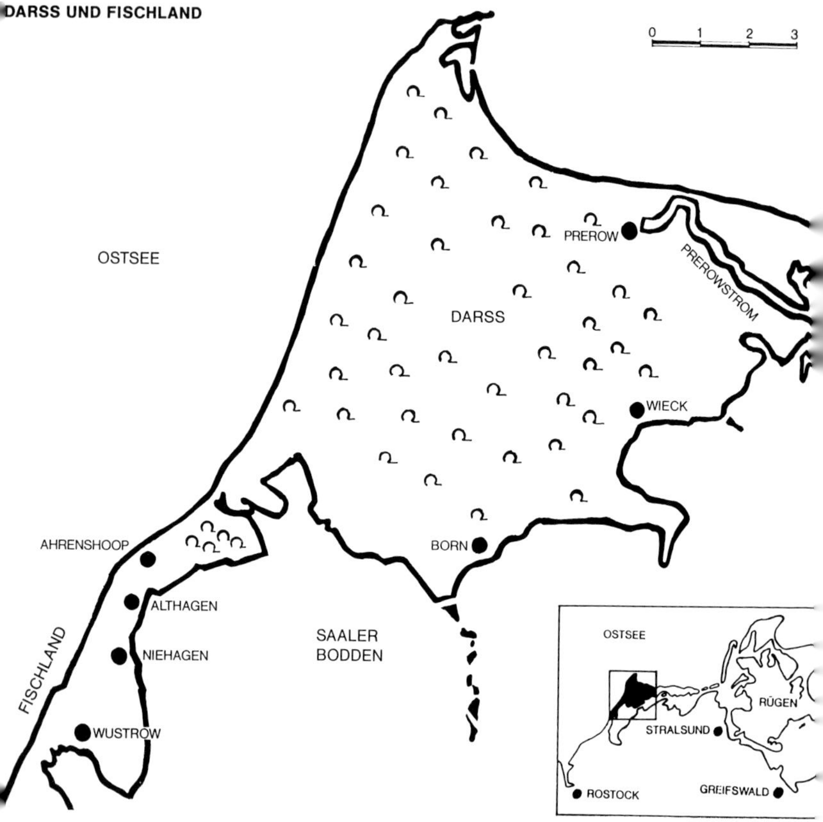

Die Lage der Künstlerkolonie Ahrenshoop auf dem Fischland.
Zeichnung: Johannes Uhlenhaut.

AHRENSHOOP

Eine Künstlerkolonie
an der Ostsee

von

Barbara Bohn / Vera Bombor /
Wolf Karge

WORPSWEDER TASCHENBÜCHER
Titel: Carl Malchin, Gewitterstimmung bei Ahrenshoop,
1913 (Ausschnitt)
Kulturhistorisches Museum Rostock

D-28870 Fischerhude
3. Auflage 1995
Herstellung und Redaktion: H.-G. Pawelcik
Lithografie: Prolitho, Bremen
Satz: Fotosatz Simmering, Lilienthal
Druck: Zertani, Bremen
ISBN 3-88 132 242-6

AHRENSHOOP – EIN VORPOMMERSCHES GRENZDORF ZU MECKLENBURG

Die Geschichte von Ahrenshoop ist wesentlich älter als die der dort beheimateten Künstlerkolonie. Erdgeschichtliche Darstellungen eines landschaftlich so reizvollen Gebietes lesen sich aber nicht ganz so interessant wie die spätere kunstgeschichtliche Epoche dieses Dorfes auf dem Fischland an der Ostsee. Beides hat häufig miteinander zu tun. So können wir hier bei der Litorinazeit beginnen. Das ist 7200 bis 2400 Jahre v. u. Z. In diese Zeit fällt auch die Eiszeit, die maßgeblich mit der erdgeschichtlichen Entwicklung dieser Landschaft in Verbindung gebracht werden muß.[1]

Sie hatte durch die Bewegung der Eismassen Berge aus Geschiebemergel aufgetürmt. Durch das Schmelzen stieg der Wasserspiegel der Meere erheblich, und Gebirgsspitzen waren darin nur noch als Inseln auszumachen. Die Ostsee stieg um 40 m und schuf damit ein Gebilde, das dem heutigen Antlitz der südlichen Ostseeküste schon sehr ähnlich war.

Das Fischland, der Darß und der Zingst waren noch eigenständige Inseln oder doch wenigstens Halbinseln und sahen das Meerwasser in den Saaler Bodden fließen oder das süße und noch überwiegend saubere Wasser der Recknitz hinaus. Das war auch noch so, als dieser Fluß bereits einige Jahre Mecklenburg und Vorpommern voneinander trennte – also vor erdgeschichtlich sehr kurzer Zeit. Damals waren seit der Litorinazeit bereits 7000 Jahre ins Land gegangen. Die Küstenströmung und die Stürme aus westlichen Richtungen sorgen dafür, daß diese Veränderung immer noch anhält, immer wieder Teile der Steilküste am Hohen Ufer abstürzen, weil das Meer mit seiner Brandung diese Wände unterspült. Man hat in einem Zeitraum von 15 Jahren einen 20 bis 25 m breiten Uferstreifen verloren.

Das ist ein, nach Menschenaltern berechnet, doch sehr schneller und stetiger Vorgang, der optisch für den Gast an diesem Ort durchaus auch seine Reize hat. Inge von Wangenheim meint, daß „wer ... seinen geliebten Sturm braucht, um sich zu erholen, der findet am offenen Westufer mit seinen Klüften und Schluchten und Windflüchtern das richtige Milieu zwischen gelbem Lehm und schwarzem Ton und den vielen Hühnergöttern am steinernen Strand aus Urzeiten." Die Liebe zum Sturm schlägt aber sehr schnell in Angst und Grauen um, wenn das Schauspiel bitterer Ernst und Katastrophe wird, eine Sturmflut gegen die Küste tobt und das eigene Leben in Sicherheit gebracht werden muß. Das passiert immer dann, wenn anhaltend starker Wind aus Westen die Wassermassen in die nördliche Ostsee drängt. Wenn dann der Wind auf Norden oder Nord-Osten dreht, strömt alles in die südliche Ostsee, überflutet dabei die Bodden sowie die Nord- und Oststrände und donnert dann mit gewaltiger Wucht gegen die Küste. Dabei kommen die Wassermassen nicht schnell genug aus der Ostsee heraus und schwappen mit großer Kraft auf die West- und Nordstrände der ostdeutschen Küste zurück. Das geschieht nicht täglich oder jährlich, aber nach Jahrzehnten lassen sich die unregelmäßigen Abstände schon gliedern und die Chroniken der am Meer gelegenen Ortschaften berichten alle über derartige Schicksalsschläge in mehr oder weniger anschaulicher und grausamer Deutlichkeit.

Käthe Miethe, die Heimatschriftstellerin vom Fischland (vielleicht sogar *des* Fischlandes) hat das in ihrem Roman „Die Flut" sehr bildlich am Beispiel des Jahres 1872 beschrieben.

Einige Einwohner werden sich auch heute noch mit Schrecken an den 1. März 1949 oder den 3. Januar 1954 erinnern, die aber offensichtlich nur einen geringen Teil dessen boten, was die Menschen 1872 durchlitten, als das

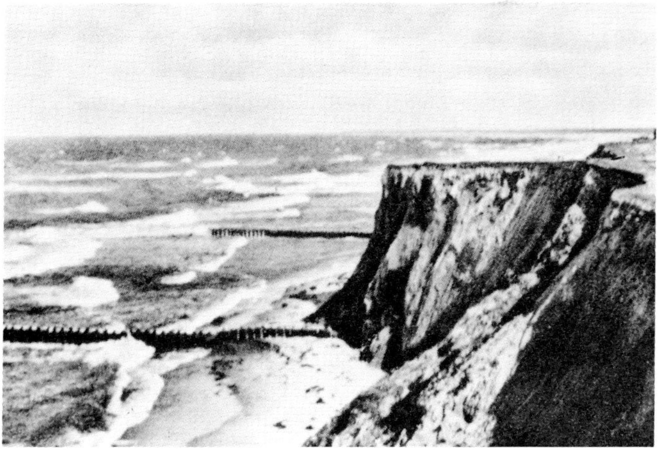

Das Hohe Ufer, Postkarte um 1920

Dorf im Schlamm versank und etliche Menschen die Katastrophe nicht überlebten, darunter auch Kinder.[2] „Neben Brocken und Fichtelberg ist Ahrenshoop ohne Zweifel das Härteste, was unsere Heimat zu bieten hat. ... Habe ich auf meinem Pfad an den Sanddornhecken vorbei Sonne im Rücken, dräut im voraus die schwere Regenwolkenfront. Lacht mir die Sonne ins Gesicht, ziehen sich vom Atlantik her bereits die ersten Gewitterwolken zusammen", um noch einmal Inge von Wangenheim zu zitieren. Sie räumt dann aber an anderer Stelle ein, daß es auf den Nordsee-Inseln Frieslands „klimatisch noch härter" zugeht.

Streng wissenschaftlich und trocken statistisch wurde festgestellt, daß für diesen Raum Südwest- und Westwinde mit einer 36,7 %igen Häufigkeit auftreten und die Lüfte aus Ost und Nordost nur zu 22,2 Prozent wehen. Die Klimastatistik weist weiter das Überwiegen der Windstärken 2 bis 4 aus und nur selten bläst es über Stärke 6.

Doch der Wind und das Wasser machen nicht allein den Reiz dieser Gegend aus. Es ist auch die Dünenlandschaft mit dem Strandhafer, der im Wind diese faszinierende Wellenbewegung macht, die so etwas Weiches und Beruhigendes hat. Gemeinsam mit den durch die stetigen Wellenbewegungen in den Strand gemalten Sandrippen, die sich so leicht und willig den Bewegungen des Wassers anpassen, kann man nach jedem Schritt neue Bilder entdecken. Wer sich diesem bewußten oder unbewußten Erlebnis noch nicht ausgesetzt hat, sollte es in Ahrenshoop suchen und das möglichst in der sogenannten Vor- oder Nachsaison.

Die „Windflüchter", Kiefern, die sich in ihrem Wuchs nach Osten dem häufigen Westwind gebeugt haben, gewinnen ebenfalls Symbolcharakter und verführen zur Meditation über Anpassung und Widerstand. Wenn man abends am Strand oder oben auf dem Kliff sitzt und den in Beschreibungen wohl immer kitschigen Sonnenuntergang in natura doch als überwältigend empfinden muß, kann man schon einmal großen philosophischen Träumereien, vielleicht auch einer neuen und alten Liebe verfallen oder (mit Tucholsky) einfach die „Seele baumeln lassen".

Es läßt sich ahnen, sofern man nicht selbst malt, was die Künstler an dieser Landschaft fesselte.

Allerdings hält auch hier die Natur für den verträumten Philosophen das Mittel bereit, das ihn schnell in die Wirklichkeit zurückholt – die Mücken. Diese wiederum sind aber Lebensgrundlage für die Uferschwalben, denen man stundenlang bei ihren Geschicklichkeitsübungen an der Steilküste zuschauen kann, um – schon wieder zu philosophieren. Es stellt sich zwangsläufig – egal ob Sommergast, Maler oder Einheimischer – eine ganz direkte Beziehung zur Natur ein, die sich hier in einer Dichte wie nur an wenigen anderen Orten präsentiert. Man kann sagen, daß die Natur die *Dürftigkeit* in großer *Verschwendung* ausgeschüttet hat und dadurch diesem Landstrich in seiner kargen Schönheit einen Charakter gegeben hat, den Käthe Miethe als „Grazie" oder „Charme" bezeichnet.

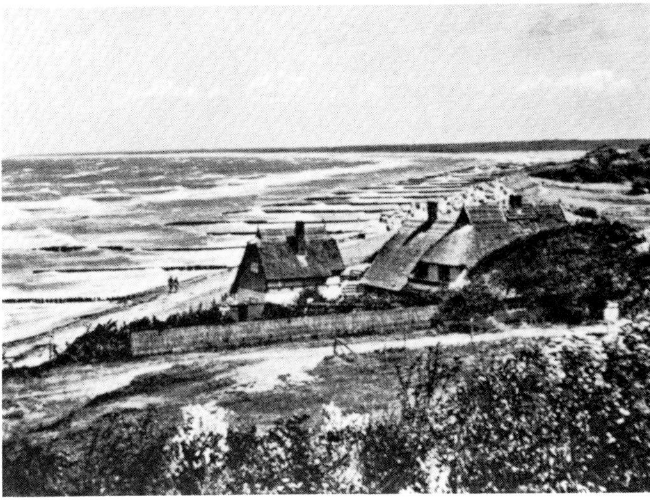

Ahrenshoop vom Hohen Ufer aus, Postkarte, um 1920

Genug der Schwärmerei. Hat man die Seiten bis hierher durchgelesen, wäre der Schluß zulässig, daß die Künstler, die Ahrenshoop so bekannt gemacht haben, in eine völlig unberührte Landschaft kamen – weit gefehlt. Die Menschen die hier lebten, mögen den großstädtischen, pinselgeübten Damen und Herren vielleicht ein wenig absonderlich vorgekommen sein, aber gegen dieses Vorurteil waren auch die „Eingeborenen" aus der unmittelbaren Nachbarschaft nicht gefeit. Die mecklenburgischen Wustrower behaupteten zum Beispiel, daß die Ahrenshooper durch den Dünensand, der allgegenwärtig war, eine besondere Gangart bekommen hätten – „sie wühlen so", meinte man. Käthe Miethe weiß aus dem benachbarten Althagen zu berichten, daß man dort sagte: „In Ahrenshoop hebben de Lüd wedder ne annere Gesinnung."

Künstler waren es aber auch, die sich z. B. mit dem Wustrower Arzt Dr. Lettow um die Spuren einer ersten Besiedlung dieser Landschaft kümmerten, die nach Steinabschlägen, Pfeilspitzen und Steinäxten suchten und langsam eine bedeutende frühgeschichtliche Sammlung zusammentrugen. Einer der eifrigsten unter den Künstlern war Martin Körte.[3]

Gemeinsam mit dem bekannten Rostocker Geologen Prof. Dr. Geinitz verfaßte Lettow 1899 eine Schrift unter dem Titel „Fundstätten von Feuersteingeräten beim Ostseebad Wustrow auf dem Fischland", wo diese Funde erstmals systematisiert und eingeordnet wurden.

Den Steinzeitmenschen folgten Jahrhunderte später die Germanen. Aus unerklärten Gründen verließen sie aber wieder dieses Land, und etwa im 6./7. Jh. u. Z. besiedelten Slawen das Gebiet und errichteten auf dem Platz, auf dem sich heute die Wustrower Kirche befindet, eine Kultstätte für ihren „heidnischen" Gott Swantewitt, um den sich viele Legenden woben, die sich auch nach der Christianisierung hartnäckig im Volke hielten.

Wo lag nun Ahrenshoop in diesem ganzen Durcheinander von Litorina, Recknitz, Bodden, Steinzeit und Swantewitt? – Es lag am südlichen Zipfel der damaligen Insel Darß. – Jahrhundertelang ein gottverlassenes Nest, wenn dieser Ausdruck nicht schon zu hoch gestapelt ist.

„Powerdörp" war eine Spottbezeichnung für diesen Ort und die „Poweren" waren die einfachen oder armen Leute. Daß das Wort hin und wieder auch als „einfältig" interpretiert wird, tut den Menschen dort sicher Unrecht.

Es gab einmal im Mittelalter eine Situation, in der die Burg Ahrensspör (ebenfalls eine frühere Bezeichnung) Gegenstand großer Pläne des Pommernherzogs Bogislav IV. war. Er hatte die Anhäufung großer Reichtümer in den Hansestädten erlebt und wollte nun auf seinem Territorium ebenfalls eine Hafenstadt erbauen, durch die ein wenig von dem sagenhaften Handelsgewinn auch in seine Tasche fließen sollte. Der Darßer Kanal, der die Verbindung zwischen Ostsee und Bodden herstellte und das Fischerlager an sei-

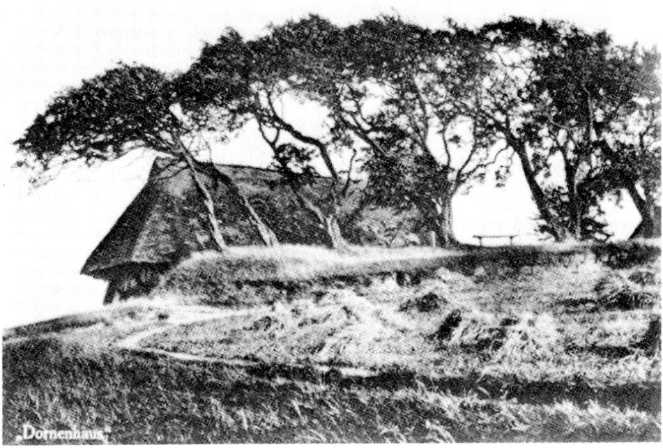

Das Dornenhaus in Ahrenshoop, Postkarte, um 1920

nem Ufer waren günstige geografische Ausgangspunkte. Ein fester Turm war schon errichtet. Die Rostocker Hanseaten beobachteten dieses Treiben aber bereits in den Anfängen mit Argwohn und setzten ihm 1395 gewaltsam ein Ende. Die Hafenanlagen und die Befestigung der Burg wurden zerstört, und der Traum vom großen Geld war zu Ende. Ein Chronist berichtete: „Ob nun dieses zwar den Fürsten sehr schmerzte, dennoch, um sich nicht mehr zu verwickeln, verbarg er die Rache und starb kurze Zeit hernach." – Ob wegen der zerstörten Pläne, weiß der Chronist nicht genauer zu sagen.

Gerhard Ringeling hat diese Begebenheit in seinem Buch „Fischländer Volk" malerisch ausgeschmückt und beschrieben.

Der Darßer Kanal war vermutlich noch bis 1455 offen. Durch eine dieser entsetzlichen Sturmfluten, bei der ein Hochwasser von 2,60 m eintrat, wurde er 1625 noch einmal aufgerissen. Heute ist der Kanal als klägliches Bächlein hinter dem Dornenhaus für das eingeweihte Auge mit etwas Mühe noch erkennbar.

Der Gedanke aber, durch einen Kanal an dieser Stelle die mecklenburgische Stadt Ribnitz zu einer Hafenstadt werden zu lassen, beschäftigte immer wieder Fürsten, Bürger und Seeleute. Verwirklicht wurde er nie.

Das Ende des verheerenden Dreißigjährigen Krieges führte Vorpommern und damit auch Ahrenshoop durch den Westfälischen Frieden 1648 in schwedischen Besitz. Große Reichtümer hatten die Schweden damit aber auch nicht erworben, denn als sie 1696 in einer Matrikelkarte ihre Besitzungen einzeichneten, waren in Ahrenshoop nur zwei Wohnstätten vermerkt. Davon gehörte eine einem Heidereiter oder Förster (woraus sich später ein Bauernhof entwickelte), und in einem Fährhaus wohnte ein Leineweber. Seit dem 18. Jahrhundert bekam der Ort aber für die Fischländer Schiffer, die Untertanen des Herzogs von Mecklenburg-Schwerin waren, eine neue Bedeutung. Sie siedelten sich im schwedischen Ahrenshoop an, weil sie dort wichtige wirtschaftliche Vergünstigungen hatten. Unter neutraler schwedischer Flagge fahrend, konnten sie bei kriegerischen Auseinandersetzungen in Europa und während des Nordamerikanischen Unabhängigkeitskrieges große Gewinne erzielen. Die napoleonische Kontinentalsperre unterliefen sie mit Schmuggel und verdienten wieder erheblich.

Um 1830 spricht man hier von etwa 30 Schifferfamilien. An einer anderen Stelle heißt es, daß 1825 39 Wohnhäuser und der Bauernhof gezählt wurden.

Spätestens hier wird es nun Zeit, etwas über die legendären Seefahrer zu berichten, die in dieser Region wohnten, die dem Ort das Gesicht gaben, das dann die Künstler so begeisterte und z. B. Martin Körte zu dem Lied verleitete:

„Lieblich ist Ahrenshoop hier am Ostseestrande,
Ihm gilt mein preisend Lob über Meer und Lande!
Hört ihr drauß des Sturmes Wutgebraus?
Es bebt voll Graus das alte Dünenhaus;

Der Brandung Gischt bis zu den Sternen zischt!
Doch still und sacht! 'Nen guten Grog gemacht!
Lie – lie – lieblich ist Ahrenshoop hier am Ostseestrande,
Ihm gilt mein preisend Lob über Meer und Lande!"

Wir wollen es an dieser Stelle lie – lie – lieber bei der ersten Strophe dieses Liedes belassen und uns wieder den Schiffern zuwenden.

Sie wohnten auf der „Osterseite", also östlich der Dorfstraße oder besser des Sandweges. Einen anschaulichen Beweis für diese bessere Bezeichnung liefert Paul Müller-Kaempff mit seinem Bild „Powerdörp". (Es sei an den „wühlenden Gang" erinnert.) Erst 1895 wurde eine befestigte Straße angelegt. Noch um das Hotel „Bogislav" auf dem Berg bauen zu können, zog man mit Pferden das Baumaterial durch den feinen Dünensand. Es war das Hotel, das dann die Feste der Künstler sah und von ihnen ausgemalt wurde. Leider ist diese Ausmalung nicht mehr erhalten.

Aber es sollte eigentlich um die Schiffer gehen. Unter der Berufsbezeichnung waren allgemein Kapitäne und Steuerleute zu verstehen. Ihre Häuser waren in der Regel solide Fachwerkbauten mit bunten Türen. Der wichtigste Raum war die Küche und der repräsentativste Raum „de Stuuw" – die gute Stube. Über diese „stuuw" schrieb schon 1819 August von Wehrs: „Englisches Porzellan (tatsächlich Steinzeug – W. K.), Fayence, Glaswaren, Silberzeug sieht man fast überall in den wohlhabenden Haushaltungen. Teller, Tassen, Teetöpfe, Milchkannen und dergleichen sind gewöhnlich mit Schiffs- und anderen Bildern bemalt. Überhaupt findet man in den Darßer und Zingster Dörfern manchen englischen Luxusartikel ..." Zu den Höhepunkten in diesem Luxus gehörten die englischen oder Kamin-Hunde, ebenfalls aus Steinzeug und immer paarweise auftretend, mit einer meist vergoldeten Kette um den Hals und mit einem „unvergeßlich starren Blick aus gelb und

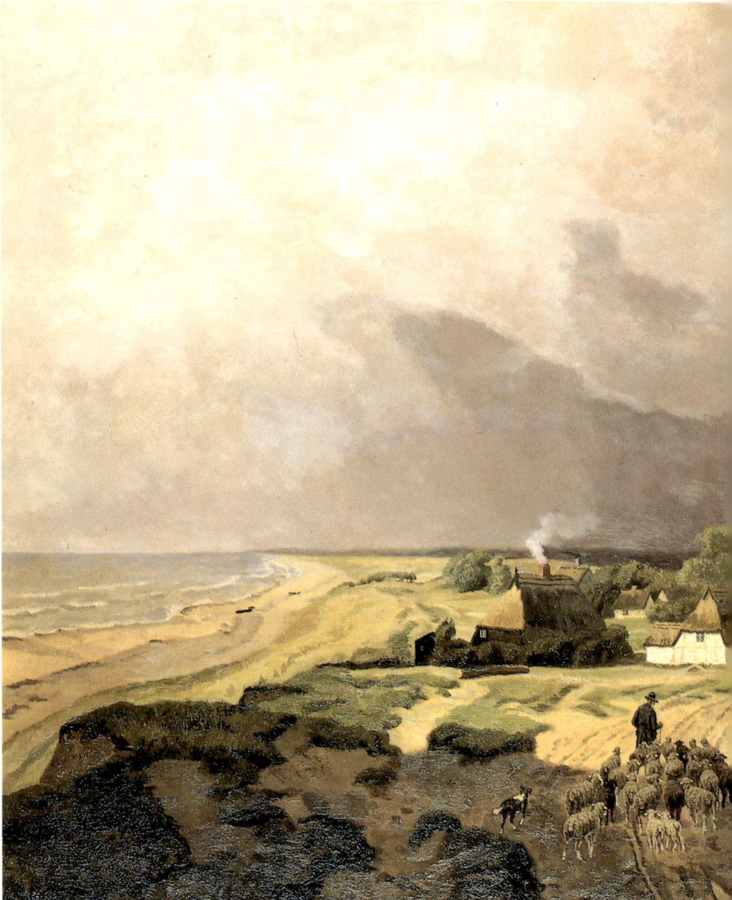

Carl Malchin, Ahrenshoop, 1917, Öl/Leinwand

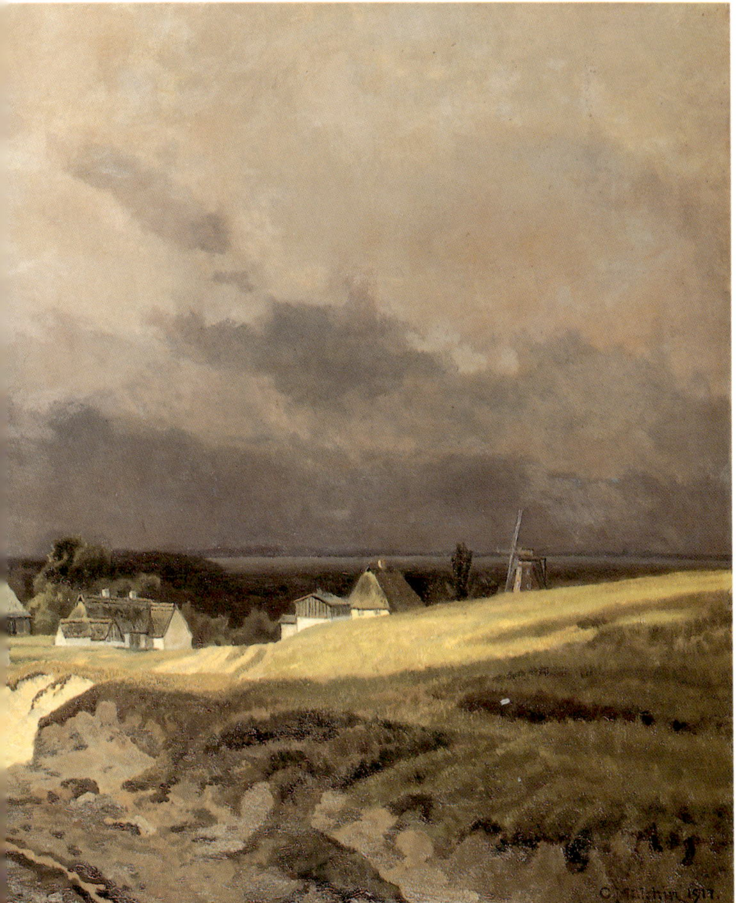

schwarz bemalten Augen.“ (Käthe Miethe)[4]

Ein weiterer Höhepunkt dort war das sogenannte „Kapitänsbild“. Es war nicht etwa das Porträt eines Fahrensmannes mit wettergegerbtem Gesicht und Tabakspfeife, sondern die möglichst originalgetreue Wiedergabe des Schiffes, auf dem er einmal fuhr. Diese Ölbilder wurden von Kapitänen in Auftrag gegeben – daher der Name – und zeigten die Schiffe vor einem meist malerischen Hintergrund, der die fernen Länder verdeutlichen sollte. Es ist leider nicht überliefert, wie die jungen Maler, die später nach Ahrenshoop kamen, dieser Volkskunst gegenüberstanden.

Beide Stücke – Hunde und Kapitänsbilder – stellen heute gesuchte Antiquitäten dar und sind kaum noch in den alten Häusern anzutreffen.

Bis in das letzte Drittel des 19. Jh. hatte die Segelschifffahrt noch einmal Konjunktur, und die Schiffer, die fast immer durch sogenannte Parten (Anteile) auch finanziell am Schiff beteiligt waren, konnten sich einen gewissen Wohlstand leisten. Manche brachten es sogar zu einer „japansch Stuuw“ – so benannt nach den vielen asiatischen Mitbringseln. Etliche von diesen Dingen kann man noch in den einschlägigen Museen dieser Landschaft betrachten. Die Pracht konnte aber nur von den Familien entfaltet werden, deren Männer „achter den Mast“ fuhren. Vor dem Mast befanden sich die Unterkünfte der Matrosen. Sie wohnten in Ahrenshoop in der Westerreihe, deren Katen sich deutlich von der anderen Straßenseite abhoben. Sie waren wesentlich kleiner, einfacher gebaut und vor allem stärker gefährdet, da sie ständig den bedrohlichen Westwinden ausgesetzt waren. Gardinen vor den Fenstern fanden sich hier nur selten, und die Mitbringsel der Seeleute waren oft selbstgefertigte „Buddelschipps“ oder Halbschiffe unter Glas. Kapitänsbilder in ihren Stuben wären bei der anderen Straßenseite mit Mißfallen aufgenommen worden. Außerdem mußte die Heuer für die Familie zu

Hause gespart werden. Die Fußböden der Katen waren weiß gescheuert und mit dem reichlich vorhandenen Seesand bestreut. Teppiche konnte man sich hier ebenfalls nicht leisten. Daß deshalb ihr „Leben ein stumpfes Dahinvegetieren" gewesen sein soll, wie Wolfgang Rudolph 1953 schreibt, scheint aber wohl doch etwas übertrieben.

Rechtwinklig von der Westerseite zweigte die Fischerreihe „Vittebrook" ab. Hier standen auch der Weber- und der Armenkaten. Man kann die Situation noch sehr gut auf dem Bild „Gewitterstimmung bei Ahrenshoop" ablesen, das Carl Malchin 1913 malte. Vittebrook oder Vittebruk (eigentlich nur die Bezeichnung für diese Häuser) war einige Jahrhunderte auch der parallel zu Ahrenshoop geführte Ortsname. Am glaubwürdigsten ist wohl die Deutung, daß der Name auf einen Hafen von Heringsfängern bzw. ein Fischerlager hinweist.

Die Fischerei stellte lange Zeit eine wichtige Erwerbsquelle neben der Seefahrt dar. Die sogenannte „Wadenfischerei" (nicht nach dem Körperteil, sondern nach den so bezeichneten Netzen benannt), bei der sich mehrere Fischer mit einem über 200 m langen Netz zu einer „Wadenkompanie" zusammenschlossen, fingen im Frühjahr die dicht unter der Küste vorbeiziehenden Heringe. Ein alter Wadenfischer hat Käthe Miethe von diesem Leben unmittelbar am Strand erzählt: „Draußen bei offenem Feuer wurde Wasser heiß gemacht, mit einer eisernen Kugel, die im Feuer geglüht worden war, wurde der Teer angewärmt. Zwei Männer mußten mit hohen Stiefeln im Kübel das Netz heruntertreten. Es war in lauter Teile auseinandergenommen worden und hing wochenlang zum Trocknen draußen. War es endlich so weit, trat die Wadenkompanie wieder an. Die Wade wurde zusammengesetzt, jedem Mann ein Stück davon auf die Schulter gepackt, und dann ging es im Gänsemarsch zum Strande hinaus, mit Musik voran. Einer aus dieser Wadenkompanie konnte die Klari-

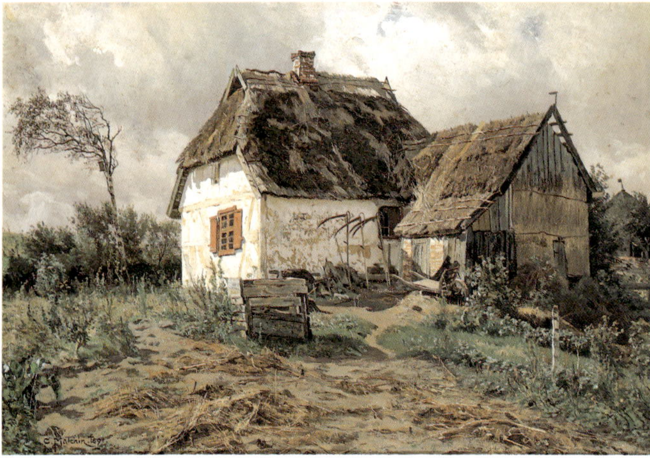

Carl Malchin, Alter Katen bei Ahrenshoop, 1891, Öl/Leinwand

nette blasen. Keiner der Fischer wohnte bei sich zu Hause. Die ganze Kompanie schlief in einem Schuppen auf Stroh, dauernd mit Seestiefeln an den Füßen, um jeden Augenblick für einen neuen Zug bereit zu sein." Hygiene stand in solchen Zeiten offensichtlich nicht so hoch im Kurs. An der Fischerei nahm das ganze Dorf Anteil. Während der Saison ging man abends an den Strand, um „na de Wade to kieken". Diese aus der Erinnerung niedergeschriebene Betrachtung mag heute etwas Romantisches an sich haben, zeigt aber die Realität, die lebensnotwendig gerade für die Bewohner der Westerreihe und des Vittebrooks war. Körperlich bedeutete sie auch nicht gerade einen Spaziergang. Die Heringssaison hatte in früheren Zeiten auch noch eine andere Bedeutung für die Dorfbewohner. Bevor sich die Maler und Sommergäste einfanden, waren die sächsischen Händler, die den Spickhering aufkauften, oftmals die einzigen Fremden, die sich im Dorf sehen ließen und deshalb immer eine willkommene Abwechslung darstellten. Von den hervorragend zubereiteten Heringen wußten aber auch später die Gäste zu schwärmen. Überliefert ist der Lobgesang von Johannes Trojan, dem Chefredakteur des „Kladderadatsch“, der das übrige Speisen- und Getränkeangebot nicht so ungeschoren davonkommen läßt. Zum Kaffee stellte er fest: „Man konnte es nicht ‚schlechten Kaffee‘ nennen, sondern es war ein Getränk für sich, das der eine mochte und der andere nicht.“

Eine weitere Einnahmequelle für die Bewohner des Fischlandes lieferte der „Hof“. Der einzige Bauer im Dorf, der gleichzeitig das Amt des Schulzen und des Försters versah, war der eigentliche Herr im Ort. (Obgleich sich die Schifferfamilien eine derartige Rückstufung ihrer sozialen Stellung verbeten hätten.) Auf seinem Acker arbeiteten die Frauen und Kinder der Westerreihe während der Ernte, um sich von dem Naturalienverdienst einige Wintervorräte anzulegen. Einen Eindruck davon vermittelt das Bild „Bei der Kartoffelernte“ von Carl Malchin.

Zu den uralten Rechten, die immer wieder zu Streit Anlaß gaben, gehörte für die Küstenbewohner das Strandrecht. Das heißt, alles was das Meer anschwemmte, gehörte dem, der es fand. Böse Zungen behaupteten sogar, die Bewohner des Darß’ würden bei stürmischen Wetter einer Kuh eine Laterne an den Schwanz binden und sie während der Nacht am Strand auf- und abtreiben, um die Schiffe stranden zu lassen. Käthe Miethe ließ in ihrem Roman „Die Flut“ sogar den Achtersteven eines gestrandeten Schiffes zur Notbehausung des Ortstrunkenboldes werden.

Die Hütten der Ärmsten reizten die Künstler und forderten geradezu zum Malen heraus. Zahlreiche Bilder mit diesem Motiv sind in den unterschiedlichsten Handschriften entstanden. Manche der Katen, wie z. B. das Dornenhaus, waren mitunter im Sommer regelrecht belagert. Diese Häuser gingen als erste in den Besitz der Maler über. Im Roman läßt Käthe Miethe Professor Schulzendorf den Armenkaten erwerben, der sehr an Fritz Wachenhausen

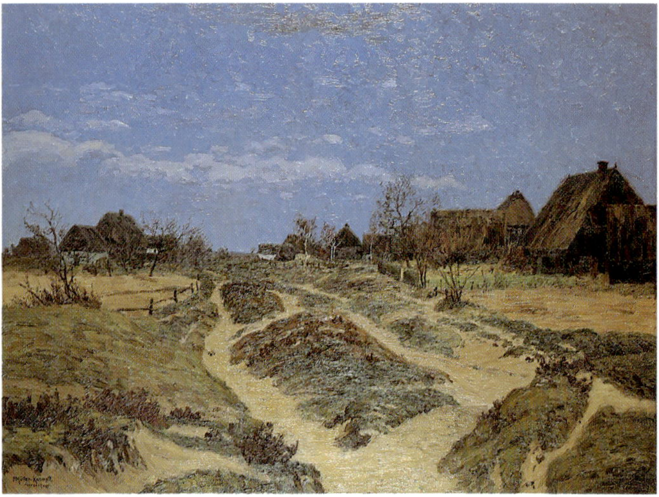
Paul Müller-Kaempff, Powerdörp, o. J., Öl/Leinwand

erinnert. „Das Dach wurde gehoben, der Boden zum Atelier ausgebaut, die Fenster vergrößert, eine neue, farbenfroh gestrichene Haustür eingesetzt. Zuletzt kam ein runder Pavillon dicht an die Straßenfront, in dem die Maler gern an warmen Abenden in einer sanges- und trinkfrohen Runde saßen." Ansonsten ist Käthe Miethe, die selbst nicht aus Ahrenshoop oder vom Fischland stammte, aber seit ihrer Kindheit dort mit ihren Eltern die Ferien verbrachte, mit den Künstlern und ihrer Art, die Häuser umzubauen, hart ins Gericht gegangen und behauptet, daß sich „Ahrenshoop um fast alle Reize seiner ursprünglichen Gestalt gebracht" hat. Andererseits lobt sie das Dorf dann wieder in den höchsten Tönen und versichert, daß es eine Ausnahme in Deutschland sei.

Die Grenze zwischen Mecklenburg und Vorpommern spielte eine ständige Rolle im Leben der Ahrenshooper und natürlich auch im Leben ihrer südwestlichen Nachbarn –

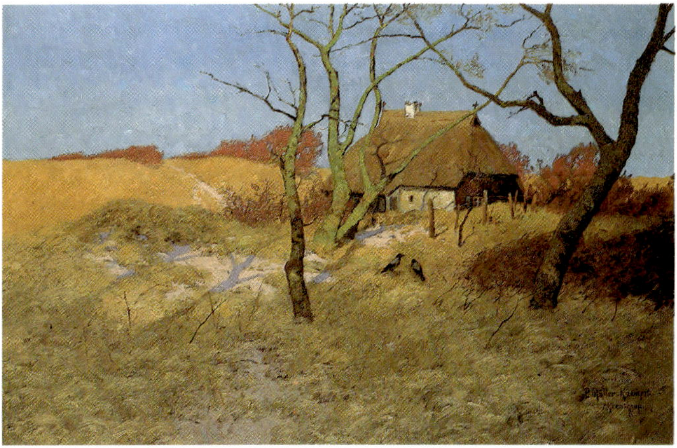

Paul Müller-Kaempff, Fischerhaus in den Dünen, o. J., Öl/Leinwand

der Alt- und Niehäger oder der Wustrower. Trotz der wirtschaftlichen Anbindung an Ribnitz – denn dort kaufte man ein – führte das zu Besonderheiten, aber auch zu Kuriositäten. Ahrenshoop lag „achter den Pahl" – hinter dem Grenzpfahl, und Käthe Miethe berichtet, daß sie sich als Kinder einen Spaß daraus gemacht haben, mit einem Bein in Mecklenburg und mit dem anderen in Preußen zu stehen.

Als die Wustrower eine neue Kirche bauen wollten und dazu die pommerschen Nachbarn, die sowohl das 1873 vollendete Gotteshaus wie auch den Friedhof mitbenutzten, zur Kasse baten, legten die Ahrenshooper kurz entschlossen ihren eigenen Friedhof an. Auf die Kirche mußten sie dann aber doch noch einige Jahrzehnte warten, denn der architektonisch interessante Bau entstand erst 1951.

Die unterschiedliche Gesetzgebung führte im 19. Jahrhundert mit dem Einzug der Sommergäste aber auch dazu, daß in Ahrenshoop aufgrund der Möglichkeit, Boden zu erwerben, spekulative Grundstückskäufe und eine Zersiedlung des Ortes erfolgte. Heute ist von dem alten Dorf mit der Oster- und Westerseite sowie dem Vittebrook nur noch mit einem ortskundigen Führer etwas zu erkennen.

Die Dörfer des Fischlandes sind durch die strengeren mecklenburgischen Reglementierungen nicht so sehr der Gründermentalität anheimgefallen. Andererseits hat durch diesen Eklektizismus Ahrenshoop heute vielleicht erst *das* Besondere erhalten.

Die schwarz-weißen preußischen und die blau-gelb-roten mecklenburgischen Grenzpfähle waren jedenfalls noch Anfang des 20. Jahrhunderts mehr als nur eine Erinnerung an die frühere staatliche Zersplitterung Deutschlands.

Der fast zeitgleiche Einzug der Maler und Badegäste in den 80er Jahren des 19. Jahrhunderts verlief parallel zum rasanten Niedergang der Segelschiffahrt und dem drohenden Ruin der Seeleute. Dadurch fiel den sonst eher spröden und zurückhaltenden Fischland- und Darßbewohnern die Aufnahme der „verrückten“ Fremden leichter, brachten sie doch das fehlende Wirtschaftsgeld ins Haus. Noch 30 Jahre zuvor war jedenfalls der Versuch, in Wustrow ein Seebad zu errichten, an den Einwohnern, die die Fremden nicht aufnehmen wollten, gescheitert. Damit veränderten zuerst die Katen und schließlich auch die Osterseite das Gesicht. Es wurde aufgestockt und angebaut, zum Schluß mußte das Vieh aus dem Stall, da man ja die „Fremden zum Melken“ hatte. In jüngster Zeit ist der Spruch noch drastischer in der bekannten herzlichen norddeutschen Art als „Swins rut, Sachsen rin“ benutzt worden, wobei als sächsisch jeder südlich von Berlin Lebende betrachtet wurde.

Gegen Ende des 19. Jahrhunderts hatten die Einheimischen aber auch die Furcht endgültig abgelegt und höchstens noch eine Mischung aus Überlegenheit und altem Hausrecht, die am deutlichsten in dem schönen Wort

„Gesocks“ zum Ausdruck kam, mit dem die Fremdlinge bedacht wurden, um sich ihnen damit überlegen zu zeigen. Derartige Bezeichnungen waren aber mehr für den internen Gebrauch gedacht, und man hatte ja sein geliebtes Platt, um sich den Gästen gegenüber möglichst unverständlich zu machen.

Das Badeleben hatte Ende des 19. Jahrhunderts an der ganzen Ostseeküste Verbreitung gefunden. Die ständig wachsende Zahl von Sonnen- und Naturhungrigen führte bei den alten und neuen Ahrenshoopern zu einer Angst vor Übervölkerung. Davor konnte man sich am besten schützen, indem man sich mit Gleichgesinnten zusammenschloß, und nichts lag näher, als die Gründung eines Vereins. Er nannte sich, dem zeitgenössischen Trend folgend, „Ahrenshooper Verein für gemeinnützige Zwecke“. Was diese „Gemeinnützigkeit“ nun sein sollte, legte man nach allgemeinem Vorbild im Paragraphen Eins der Satzung fest: „Der Verein will den Genuß der Schönheit von Ahrenshoop erleichtern durch Einrichtungen der Ordnung und der Behaglichkeit“, und man ging so bestens ausgerüstet ordentlich ans Werk. Das Wort in diesem Verein führten allerdings weder die Künstler noch die Einheimischen, aber sie machten mit. Die führenden Köpfe im Verein waren die neureichen Bewohner auf Zeit im Ort. Zunächst wurden die wichtigsten Aufgaben ins Auge gefaßt – die Wege mußten von Kuhfladen befreit oder die zum großen Teil für Unbefugte verbotene Landschaft mußte erst einmal mit Wegen versorgt werden, die ein Flanieren auch in ordentlicher Toilette erlaubten. Dann brauchte man Bänke. Im Gras sitzen, wo diese unvernünftigen Künstler ihre Ölpinsel abzuwischen pflegten und vielleicht doch noch etwas von einer Kuh …, nein, das ging nicht. Dann saß man abends im „Seezeichen“ bei Grog oder Bowle und sang das Lie – lie – lie – Lied.
Zu Ehren von „hervorragenden Badegästen“ benannte

der Verschönerungsverein bestimmte ausgewählte Fleckchen des Spazierweges in „Meyers Ruhe“, „Elsenhöhe“ oder „Schultzes Blick“. Es ist nicht klar zu ermitteln, was die so geehrten Herrschaften an besonderen Verdiensten, außer ihrem Namen, aufzuweisen hatten. Schon Johannes Trojan machte sich über diese Dinge lustig, und auch Heinrich Seidel, der Verfasser von „Leberecht Hühnchen“, ließ das Badeleben in Ahrenshoop nicht ungeschoren. Axel Delmar (mit gutadeligem Namen Axel von Demandowski) schrieb 1893 sein Stück „Die Ahrenshooper“, das sogar im fernen Berliner Schauspielhaus aufgeführt wurde. Damit hatte nicht nur die malende, sondern auch die schreibende und dichtende Kunst Fuß gefaßt. Andere kamen gleichzeitig oder folgten. Das Gästebuch von Ahrenshoop ist ein bunter Bilderbogen im Kontrast von glitzernden und kräftigen oder auch matten Farben.

„Bad Spickaalsdorf“ hatte Trojan den Ort in einer seiner kleinen spöttischen Geschichten getauft. „Auf den Dünen wuchs ein malerisches Durcheinander von wilden Rosen und Holunder, und im Walde gab es knorrige, halbverdorrte Eichen, wie sie der Forstmann nicht gern sieht, der Künstler aber sehr hoch schätzt. Dann waren im Dorf selbst bezaubernde verfallene Häuschen mit moosbewachsenen Strohdächern zu finden, auf die niemand eine Hypothek gegeben hätte, die aber im höchsten Grade dazu geeignet waren, wie sie dastanden, auf die Leinwand geworfen zu werden. Endlich gab es unter den Fischern wunderbare Gestalten und köstlich verwitterte Gesichter, mit einem Wort: Prachtmodelle.“ Nach Trojans Meinung folgten den Malern bald die Lehrer in die Sommerfrische und diesen, da sie das Geheimnis über das schöne und so preiswerte Fleckchen Erde nicht für sich behalten konnten, „die übrige Welt, die im Sommer Seebäder zu besuchen gewohnt ist.“

Die erste Badestelle hatten die Maler aus Fichtenzweigen gebaut oder nach anderer Darstellung soll es die legenden-

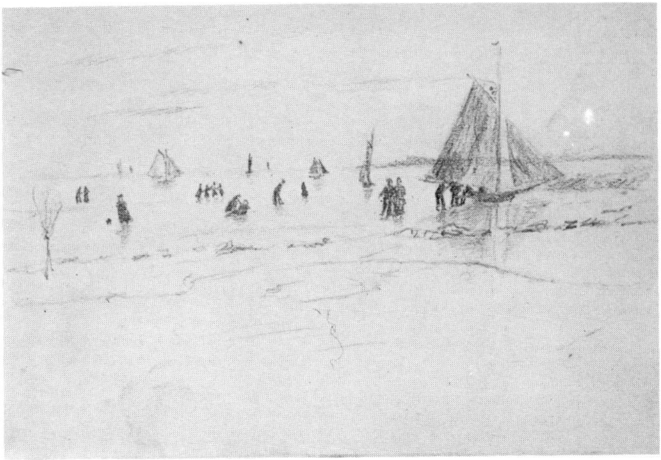

Alfred Krohn, Fischland, um 1908; aus dem Skizzenbuch

umwobene und vermutlich erste Malerin im Dorf, Eva Stort, gewesen sein, die sich eine Hütte aus Rohr bauen ließ, um sich dort für ihr Bad im Meer umzukleiden, was offensichtlich nicht unbeobachtet blieb. Später entstanden Bretterbuden, und die Bäder waren nicht mehr kostenlos. Die nächste und höchste Stufe bestand in einer Badeverwaltung, zwei „ordentlichen" Badeanstalten, einem Bademeister und Badefrauen – die bessere Gesellschaft konnte anfangen, sich wohlzufühlen. Um 1900 zählte man ca. 450 Besucher jährlich. Die ständige Verbesserung der Verkehrsbedingungen im Umland ließ diese Zahl rasch ansteigen. Heute weiß man von 19 000 Besuchern jährlich zu berichten, wenn man der Statistik glauben will, und kann sich die Angst des Gemeinnützigen Vereins gar nicht mehr so recht erklären. Ahrenshoop behielt seinen besonderen Reiz und ein gewisses Flair. Das änderte auch nicht die Entstehung von Neu-Ahrenshoop, oder wie die Einheimischen einfach zu sagen pflegten – „dor buten", wo eine

Siedlung von Sommerhäusern aus dem Sand wuchs. In den zurückliegenden Jahren hatte sich im Volksmund der Begriff „Millionenhügel" für ein heute immer noch deutlich sichtbares Areal geprägt. Da die Anzahl der Millionen nicht genau festgelegt wurde, ist die Richtigkeit der Bezeichnung auch noch für die kommenden Jahre garantiert.

In den Reiseführern wird Ahrenshoop unterschiedlich beachtet: findet man um die Jahrhundertwende in einigen Büchern noch etwas über Ahrenshoop, erwähnt es der Bäder-Almanach von 1898 nicht mehr. Der klassische Reiseführer von Grieben, Jahrgang 1914/15, dagegen beschreibt Ahrenshoop nicht nur von seiner Qualität als Seebad, sondern auch als Künstlerort. Dem Deutschen Bäderkalender von 1930 kann man nur entnehmen „Kurzeit: 1. Mai bis 30. September. Kurmittel: Kalte Seebäder. Erholungsheim." Besonders werbeträchtig scheint das nicht zu sein. Um einer sinkenden Popularität vorzubeugen, verschickte Ahrenshoop zu dieser Zeit Fremdenverkehrsprospekte, die Ort und Landschaft anpriesen. Hinweise zur Entwicklung des Dorfes bekommt man nur über die Lebensläufe der dort ansässigen oder durchreisenden Künstler. Doch dazu soll in den folgenden Kapiteln mehr gesagt werden.

Ein Stück unselige Geschichte findet sich heute noch an einem Abschnitt des Hohen Ufers. Eine ganze Küstenbatterie sollte einen Krieg verlängern helfen, der als der Zweite Weltkrieg in die Geschichte eingegangen ist. Menschen, denen der Rest in Form eines übriggebliebenen Bunkers ein Stein des Anstoßes war, sprengten ihn 1945 in die Luft und ließen die Trümmer mit ihren gespenstischen Eisenbewehrungen liegen. Sie hatten das Gefühl, ein Werk für den Frieden getan zu haben. Nun liegen sie dort, die Betonteile, und warten darauf, daß nach Jahrzehnten das Meer nachholt, was diese Menschen damals vergessen haben. Auf das Meer ist in diesen Dingen Verlaß.

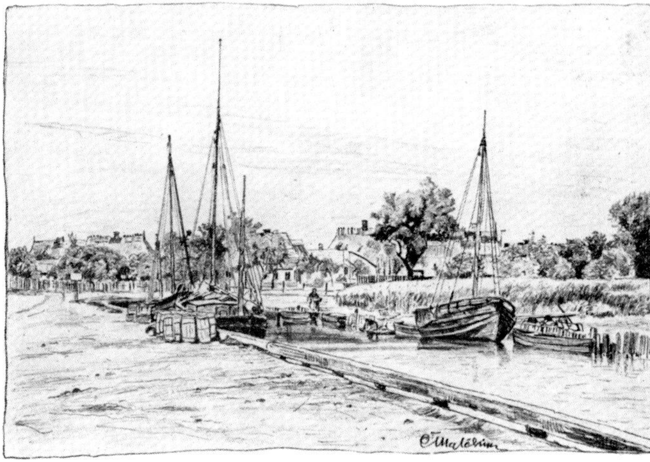
Carl Malchin, Wustrower Hafen, 1882, Skizze

Ein neues Kapitel, auch für Ahrenshoop, begann nach 1945. Die nicht besonders kulturvolle Sprachschöpfung „Erholungsort der Kulturschaffenden“ oder „Bad der Kulturschaffenden“ sollte das Markenzeichen schaffen für die geschafften sozialistischen Kulturschaffenden.

Der Kulturbund unter Leitung des heute so ins Zwielicht geratenen Künstlers Johannes R. Becher hatte die Absicht, die Tradition der Künstlerkolonie in sozialistische Bahnen zu überführen. Daraus entwickelten sich neben handfesten politischen Problemen und Auseinandersetzungen auch kuriose Auswüchse, wie der Streit um das Nacktbaden. Als in den 50er Jahren der Ruf „Geh doch so ins Wasser rein“ immer *unüberhörbarer* wurde, wurden einige grimmige Gesichter immer *unübersehbarer*. Die Einheimischen verhielten sich still. Einerseits beißt man nicht die Hand, von der man gefüttert wird, und zum anderen war man von den Sommergästen und Künstlern reichlich Verrücktheiten gewohnt. Die künstlerische Intelligenz gab sich in Ahrens-

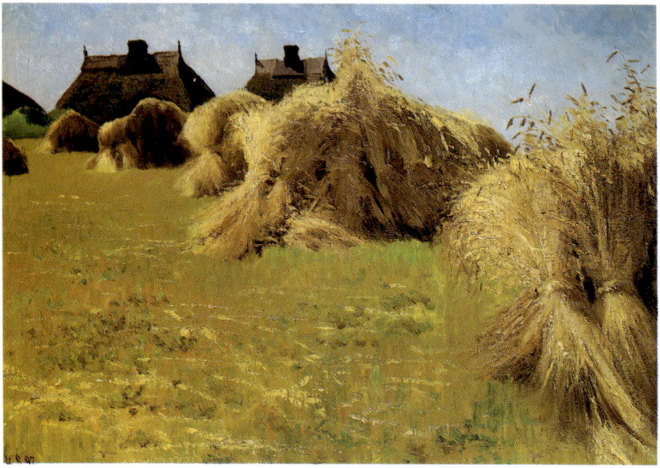

Heinrich Schlotermann: Getreideernte auf Fischland, 1897, Öl/Leinwand

hoop öffentlich am Strand die „Blöße". Dagegen wurde die eigene Prüderei von einigen „wichtigen politischen Persönlichkeiten" als die generelle Haltung der Arbeiterklasse zu dieser grundsätzlichen Frage der Abrechnung mit bürgerlicher Dekadenz ausgegeben. Trotzdem entstand der erste offizielle FKK-Strand der DDR, abgegrenzt mit Schildern, wie sich das gehört. An diesem Kompromiß soll Becher sehr aktiv auf seiten der Nackten beteiligt gewesen sein. Doch wieder zurück zu den ersten Künstlern in Ahrenshoop.

ERINNERUNGEN DES MALERS PAUL MÜLLER-KAEMPFF · TEIL I

„Im Spätsommer 1889 hielt ich mich mit meinem Kollegen, dem Tiermaler Oskar Frenzel, in Wustrow auf dem Fischlande auf, um zu malen. Gelegentlich einer Wanderung am Hohen Ufer lag plötzlich, als wir die letzte Anhöhe erreicht hatten, zu unseren Füßen ein Dorf: Ahrenshoop. Wir hatten von seiner Existenz keine Ahnung und blickten überrascht und entzückt auf dieses Bild des Friedens und der Einsamkeit. Kein Mensch war zu sehen, die altersgrauen Rohrdächer, die grauen Weiden und grauen Dünen gaben dem ganzen Bilde einen Zug tiefsten Ernstes und vollkommener Unberührtheit: So sah Ahrenshoop damals aus. Nirgends ein öder Nützlichkeitsbau mit Pappdach, nichts, was den Gesamteindruck störte: die Dorfstraße sehr breit und sandig – man sagte, den Ahrenshooper erkennt man an seinem Gange –, kein Drahtzaun, keine Reklametafel.

Hinter dem Dorf auf dem Schifferberge blickte der Kirchhof mit weißen und schwarzen Holzgittern und Kreuzen herüber, überwuchert von goldblühendem Habichtskraute. Stieg man weiter hinauf auf die sogenannte Schwedenschanze, so sah man in die Einsamkeit hinaus. Nirgends ein Haus: Dünen, Wald und See, in der Ferne die dunkle Linie des Darß. Die Dünen gekrönt von uralten Weißdornbäumen, Stechpalmen und wilden Rosen.

Das war ein Studienplatz, wie ich mir immer gewünscht hatte. Schon am nächsten Morgen zogen wir in aller Frühe mit unserem Malgerät hinaus, um abends hungrig wie die Wölfe nach Wustrow heimzuwandern. Aber eines Tages trafen wir einen Kollegen in den Dünen an seiner Staffelei, Carl Malchin, der mit seiner Familie sich dort eingemietet hatte und eigene Wirtschaft führte; denn ein Unterkommen mit Verpflegung gab es damals dort nicht. Frau Malchin,

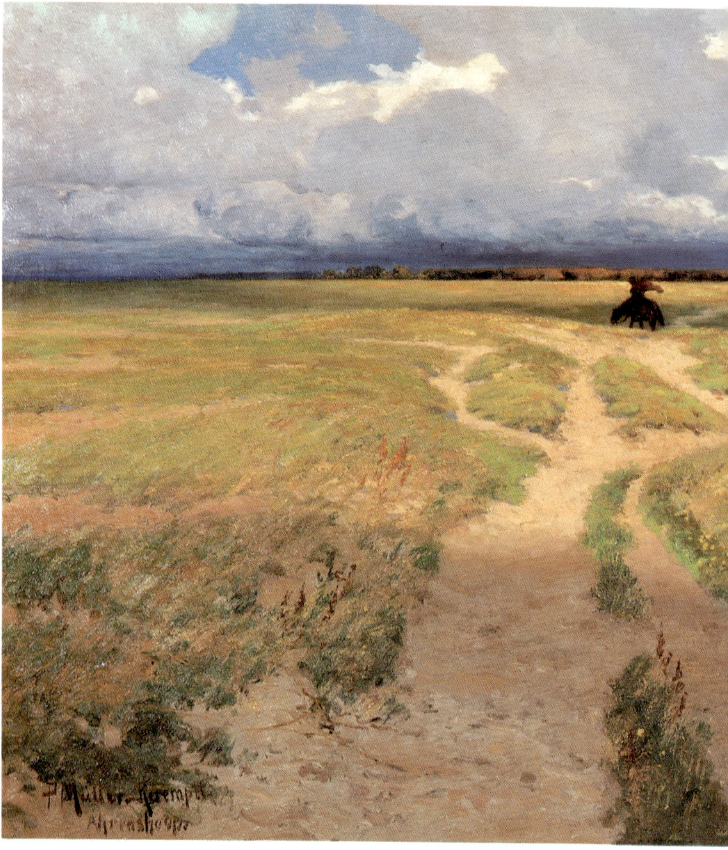

Paul Müller-Kaempff, Der einsame Reiter, o. J., Öl/Leinwand

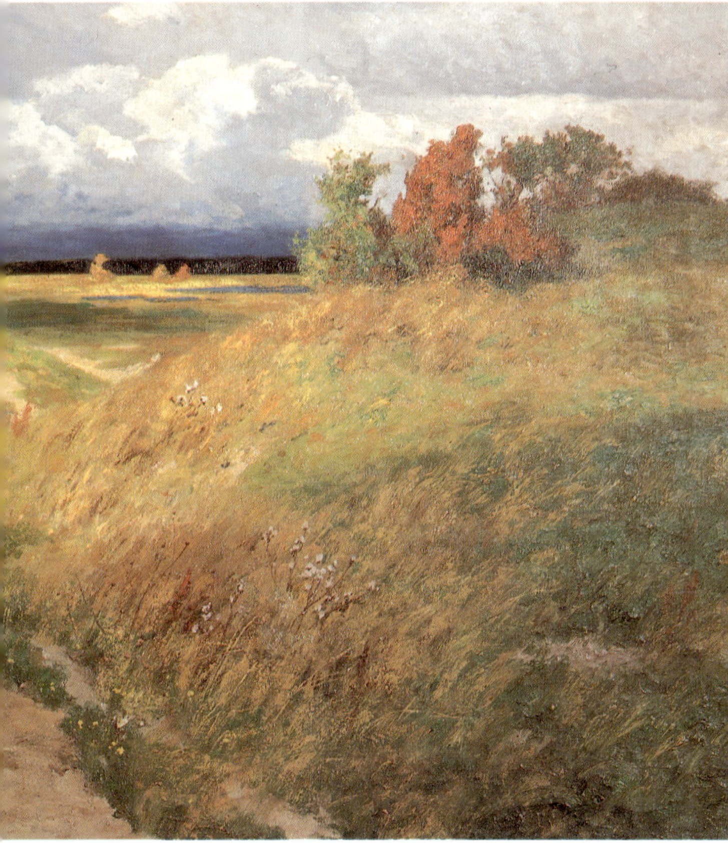

die sich unserer erbarmte und uns den Weg von und nach Wustrow mit unserem Gepäck ersparen wollte, ging von Haus zu Haus, um ein Unterkommen für uns zu suchen. Und es glückte: ein altes, kinderloses Ehepaar nahm uns in ihr Häuschen auf, aber erst mußten wir vor der Frau – Mutter Schumacher – ein Examen bestehen, ob unsere Ansprüche auch bescheiden seien und ob wir immer zufrieden sein wollten mit dem, was sie uns vorsetzte. So zogen wir denn hinaus, von den Wustrowern unter Kopfschütteln bedauert, als ob wir nach Sibirien auswandern wollten. Nun, bei Mutter Schumacher waren wir gut aufgehoben, nur das Bett hatte ich in Verdacht, daß es aus einer mittelalterlichen Folterkammer stammte. Aber was erträgt man nicht und woran gewöhnt man sich nicht, wenn man jung und voller Begeisterung ist! Nun ging ein eifriges Studienmalen los; Jahr für Jahr kam ich wieder, und als ich mir – natürlich auf Schumacherschem Grund und Boden – ein eigenes Haus mit Atelier gebaut hatte, kam bald Hausbesuch, Freunde und Kollegen, ein fröhlicher Kreis, der sich ganz Herr der Situation fühlte. Wo ein halbes Dutzend junger Leute zusammen haust, wird auch bei mäßigem Konsum manche Bierflasche etc. leer, und wenn es lange Wochen dauert, werden es viele. Nun, die leeren Flaschen wurden in einer Ecke des Hofes aufgestapelt, bis mir ein zarter Wink gegeben wurde, sie fortzunehmen, denn ‚die Wustrower kämen sonntags, um den Flaschenberg anzustaunen'. Eines Tages kamen drei Eingeborene geheimnisvoll zu mir und erzählten nach längerem Zögern, bei einem von ihnen sei ein Fremder angekommen und habe sich dort eingemietet, der ihnen unheimlich sei, es müsse ein Spion sein, vielleicht aus Dänemark. Auf meine Frage, woher dieser Verdacht komme, hieß es dann, der ‚Kerl' wäre schon acht Tage da und malte gar nicht! ‚Wat wül hei denn hier, wenn hei nich malt! Dat is en Spion!' Das war der erste Ahrenshooper Badegast.

Meine Malschule brachte aber bald weiteren Zugang, und mit den Schülern und Schülerinnen kamen Freunde und Angehörige, Ahrenshoop wurde bekannt, es entstanden das erste Hotel auf hoher Düne und die ersten Pensionen. Am schönsten aber war es doch, wenn die Badegäste fort waren, wenn der Herbst mit seinen oft noch im November milden Tagen kam, wenn die Birken sich golden färbten, die Kirschbäume in leuchtendem Rot glühten, im Darß die Hirsche schrien, auf den Feldern die Kartoffelfeuer brannten und die Gärten voll bunter Herbstblumen standen. Kam dann der Winter und brachte Schnee und Eis, dazu blauen Himmel und Sonnenschein, dann erblühte eine Fülle ungeahnter Schönheit.

Und schnob der Nordost und jagte mächtige Wellen brüllend an Strand und Dünen, daß diese oft, zur Hälfte fortgespült, senkrecht wie eine Mauer standen, dann war es gar behaglich im eigenen Heim und im freundlichen Verkehr mit Kollegen, die sich allmählich auch ein Heim in Ahrenshoop gegründet hatten. Ich nenne nur Wachenhusen, Richter-Lefensdorf, Grebe und Elisabeth von Eikken, deren schöne Waldbilder im Rostocker Museum hängen. Wie viele Bilder habe ich in den langen Jahren von Ahrenshoop, Alt- und Niehagen gemalt. Diese ernste Landschaft sagt meinem Empfinden am meisten zu, so habe ich stets derartige Motive bevorzugt. Wir sollten doch nur unsere Heimat malen, mit der wir verwachsen sind und die uns von Kindesbeinen an vertraut ist, statt uns die Motive aus anderen Ländern zu holen."

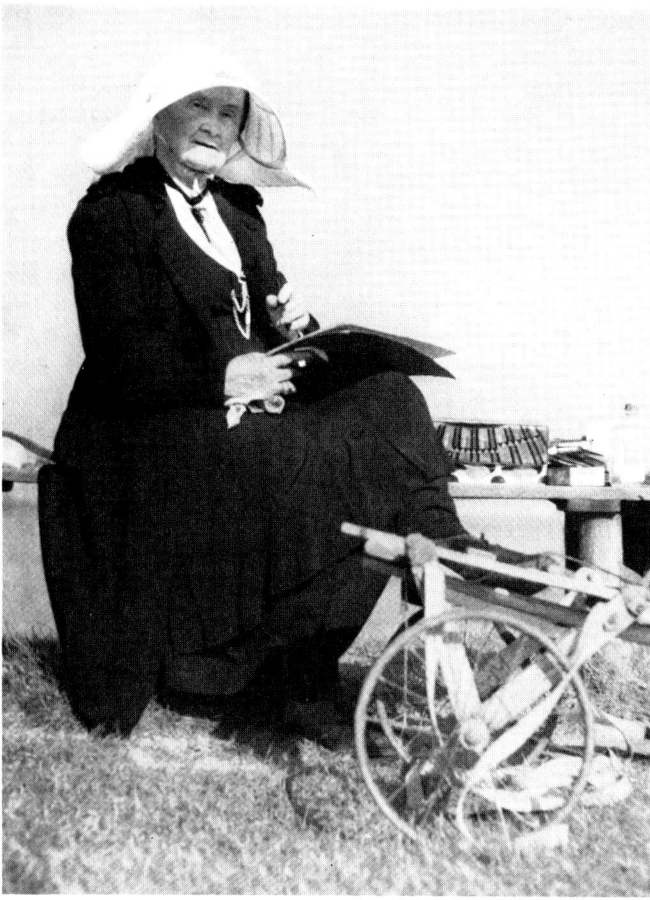

Die Malerin Frida Menz-Kessel (geb. 1878) vor der Natur. Sie hatte an schönen Herbsttagen ihr Malgerät auf einen Karren geladen, um am Hohen Ufer oder am Rande des Darßwaldes zu malen. Besonders liebte Frida Menz-Kessel das Meer, von dem sie sagte: „Das Meer ist meine große Liebe, meine letzte, große Liebe!“

So zufällig, wie Paul Müller-Kaempff Ahrenshoop entdeckte, wurden im 19. Jahrhundert in vielen Teilen Europas Dörfer und Orte entdeckt, die sich im weiteren Verlauf zu „Künstlerkolonien" herausbildeten. Dies ist, wie Gerhard Wieteck[1] feststellte, demzufolge ein relativ junger Begriff in der Kunstgeschichte, der konsequent mit der technischen Entwicklung der Welt einhergeht. Es handelt sich hier somit um eine charakteristische Erscheinung des Kunstlebens im ausgehenden 19. Jahrhundert und fand in seiner homogenen Form spätestens mit dem Ausgang des Ersten Weltkrieges 1918 sein Ende.

Bei der Abkehr von den immer größer werdenden Großstädten und der europaweit expandierenden Industrie mit ihren negativen Tendenzen für das individuelle Leben, entdeckten besonders die Künstler die Notwendigkeit einer Neubesinnung zur Natur. Dies hatte nicht nur wirtschaftliche Gründe im Sinne einer billigeren Lebensweise, sondern beinhaltete auch entschieden eine bewußte Abkehr von der steril-klassizistischen Historien- und Landschaftsmalerei der staatlichen Ateliers in den Kunsthochschulen der von der Aristokratie begünstigten Hochschulen.

Dabei entwickelten die Künstlerkolonien im strengen Sinne nicht unbedingt eine Schule im stilbildenden Sinn. Ihre „Mitglieder" – denn meistens hatten sie anfangs eine Art Statut – verband mehr das Studium vor der Natur, das Malen fernab der Akademien, ihre tiefe Bindung an eine Landschaft, die sie in ihrer beschaulichen Ruhe anzog. Die dabei entwickelte Malerei ging als „plein-air" oder auch „Freilichtmalerei" in die Kunstgeschichte ein.

Die Künstler versuchten dabei, die Wirkung des Lichts und der Farbe zu allen Tages- und Jahreszeiten künstlerisch zu erfassen. Das „Zurück zur Natur" des französischen Malers Théodore Rousseau wurde von allen weiteren

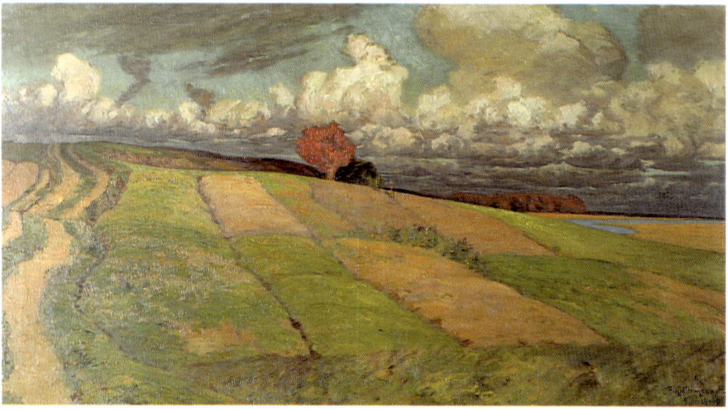

Paul Müller-Kaempff, Abendsonne, o. J., Öl/Leinwand

Künstlerkolonien aufgegriffen und zum bestimmenden Inhalt ihres Programms. Der „intime Bildausschnitt“, die vorindustriellen, an die Romantik erinnernden Gedanken der Einheit von Natur und Mensch wurden wichtige Beweggründe bei der Arbeit der meist jungen „Kolonisten“, die sich nicht nur im Sommer auf dem Land trafen, sondern in vielen Fällen – siehe weiter unten – auch ihre kompletten Lebensbedingungen in den Orten einrichteten. Wichtige Orte der „Theoriebildung“ und des weiterführenden Gedankenaustausches waren vor allem die Gasthäuser und Wirtsstuben des Dorfes, die anfangs die Künstler beherbergten oder beköstigten.

Erste Künstlerkolonien entstanden so in Glasgow/Schottland, bald darauf in Barbizon bei Paris, Pont-Aven in der Betragne/Frankreich, Skagen an der Nordspitze von Dänemark und Murnau und Dachau bei München, im Norden Deutschlands vor allem Worpswede bei Bremen und Ahrenshoop auf dem Fischland.[2]

Daß Paul Müller-Kaempff Ahrenshoop für sich und im weiteren Verlauf auch für andere Maler entdeckte, stimmt allerdings nur zu einem Teil. Die schon mehrfach erwähnte Käthe Miethe weiß hier auch anderes zu berichteten:

„Als Entdecker und gleichsam Kolonisatoren Ahrenshoops werden in erster Linie immer Paul Müller-Kaempff und Fritz Wachenhusen genannt. Doch wenn man sich bei den alten Ahrenshoopern ein wenig umhört, kommt heraus, daß diese beiden Maler bereits eine Vorgängerin gehabt haben, die Malerin Eva Stort, die damals eine Sensation für die Ahrenshooper gewesen sein muß. Diese Eva Stort hatte offenbar ihre Merkwürdigkeiten. Vor allem wird ihr ein Bart nachgesagt, weswegen sie als ein verkleideter Mann galt, sogar als ein Spion.

Sie ließ einen Dorfjungen in einer aufgeschlitzten Hose auf dem Hohen Ufer Modell stehen und bezahlte ihm 15 Pfennige dafür. Und sie hatte durchaus das Verlangen, in die Ostsee zu steigen. Zu diesem Behufe ließ sie sich von Vater Schumacher aus Rohr eine kleine Hütte bauen, in deren Schutz sie sich am Strande aus- und ankleidete.

Als dann die vielen Maler nach Ahrenshoop kamen, fiel weder der Wunsch nach einem Seebad noch die Beschäftigung des Malens auf. Das Malen war für die Gäste eine Legitimation."

Eva Stort lebte von 1855–1936 in Berlin und war Schülerin von Stauffer-Bern und Max Liebermann. Irgendwelche Zeugnisse über ihren Aufenthalt in Ahrenshoop sind bislang nicht bekannt. Sie selbst war auch nie in Ahrenshoop ansässig geworden.

Auch der 1838 in Kröpelin/Mecklenburg geborene Maler Carl Malchin hielt sich schon 1882 einmal in Ahrenshoop auf. Das geht auf jeden Fall aus der Signatur zweier Skizzen hervor, die beide mit „Ahrenshoop, d. 9. September 1882" unterschrieben worden sind. Er war schon länger Gast auf dem Fischland und hatte sich später – 1889 – mit seiner Familie in Ahrenshoop eingemietet.

Malchin – Sohn eines Senators – war nach seiner Ausbildung zum Kammeringenieur vorerst Sonntagsmaler, ließ sich von 1873–1879 aber dann an der Weimarer Malerschule bei Theodor Hagen und Albert Brendel ausbilden. Dabei hatte er Glück, denn gerade der Landschafter Theodor Hagen war es, der zu dieser Zeit als erster seine Schüler aus dem Atelier heraus ins Freie führte und sie entsprechend ihrer Eigenart in unmittelbarer Anschauung der Natur malen ließ.

Wenn Carl Malchin auch durch seinen Lehrer Theodor Hagen zum Malen in der Natur angeregt wurde, so sind seine Bilder doch noch sehr der auf Braun abgestimmten Farbpalette verbunden. Seine im Freien gemalten Skizzen strahlen dagegen eine erheblichere Frische aus als die traditionell im Atelier gemalten Gemälde, die in ihrer Auffassung sehr von seinem Lehrer Hagen beeinflußt sind.

Besonders seine Ahrenshoop-Ansichten in ihrer unterschiedlichen Naturstimmung, mit den typischen Rohrdachkaten, den Dünen und oft mit Schäfer und Schafherde, lassen das Ahrenshoop zu Beginn des 19. Jahrhunderts vor uns entstehen, gab es doch noch keinen festen Weg. Der Sand an der Dorfstraße lag meterhoch, so daß vier Pferde kaum einen vom Darßwald geholten Wagen Holz voranbringen konnten. Die sandigen Wege waren fast unpassierbar. Zu erreichen waren die Dörfer auf dem Fischland vor allem auf dem Wasserweg von Ribnitz über den Saaler Bodden.

Carl Malchin lebte den größten Teil seines Lebens in Schwerin, wo er 1923 auch starb.[3]

Paul Müller-Kaempff (1861 Oldenburg – 1941 Berlin) war Schüler der Akademien in Düsseldorf, Karlsruhe und

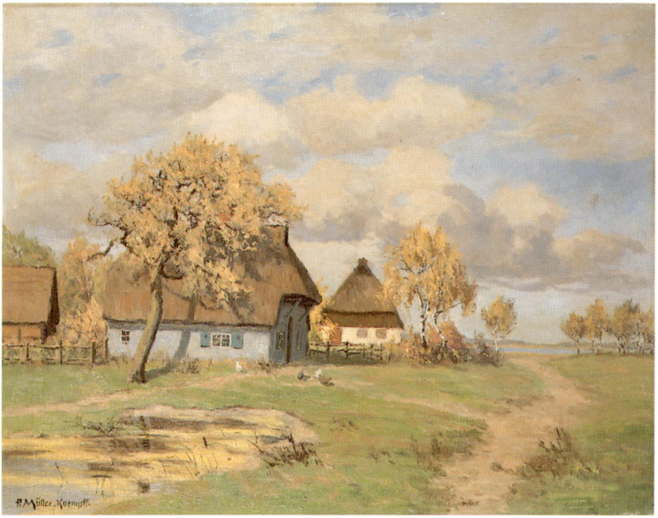

Paul Müller-Kaempff, Kate am Bodden, o. J., Öl/Leinwand

Berlin. 1889 hielt er sich mit seinem Malerkollegen, dem Tier- und Landschaftsmaler Oskar Frenzel (1855 Berlin – 1915 Berlin), Schüler der Berliner Akademie, in Wustrow auf dem Fischland auf.

Der Landschaftsmaler Paul Müller-Kaempff war eigentlich der erste Maler, der sich schließlich 1892 in Ahrenshoop niederließ, in dem er an der Dorfstraße ein Haus baute und eine Malschule gründete.

Er kann trotz aller schon dagewesenen Maler als eigentlicher Begründer der Ahrenshooper Künstlerkolonie angesehen werden. Das eben nicht nur, weil er sich dort niederließ, sondern – weil es damals in allen Künstlerkolonien üblich war, sich Schülerinnen und Schüler zu halten – auch gleich eine professionelle Malschule einrichtete. Zu diesem Zweck baute er zwei Jahre später ein weiteres noch heute für das Ortsbild von Ahrenshoop sehr wichtiges, weil prä-

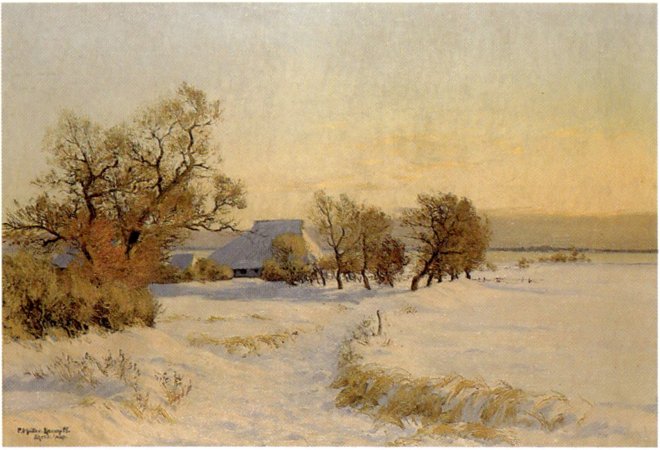

Paul Müller-Kaempff, Winter in Mecklenburg, o. J., Öl/Leinwand

gendes Haus, das „Haus St. Lukas“. Hier hatte Paul Müller-Kaempff nicht nur die Architektur, sondern auch das Mobiliar selbst entworfen und so das Haus zu einer Einheit werden lassen.

Dieses historisch interessante Haus konnte mit seinen Ateliers, Unterrichtsräumen und etlichen Zimmern ca. 50 Malschüler beherbergen, die ihm zusätzliche Verdienstmöglichkeiten boten.

Später, während der Inflation, verkaufte er seinen gesamten Besitz in Ahrenshoop und verdiente sich in den Ostseebädern Graal und Müritz durch den Verkauf von Bildern und gemalten Postkarten seinen Lebensunterhalt. Im Alter von 80 Jahren starb er schließlich 1941 in Berlin.

In seinen Erinnerungen – siehe die Einleitung zu diesem Kapitel – gibt er ja seinen starken Eindruck über dieses Dorf, das noch in einem Zustand der Unberührtheit dalag, wieder. Es müssen hier jene Momente des Landschafts- und Naturerlebnisses gewesen sein, die sich dann letztlich auch in einem seiner ersten Bilder, dem Gemälde „Powerdörp" als einen tief empfundenen Eindruck dem Betrachter vermitteln.

Ebenso wie bei den Gemälden Carl Malchins, mit dem er 1889 in Ahrenshoop zusammentraf, empfindet der Betrachter die beschauliche Ruhe der Geborgenheit ausstrahlenden, tief in den Dünensand geduckten Rohrkaten, die Unberührtheit und Weite der einzigartigen Landschaft um das Fischerdorf Ahrenshoop. Seine frühen Ahrenshooper Arbeiten ergeben gewisse Parallelen zu den ersten Worpsweder Malern. Dies bezieht sich vor allem auf die Malweise, die sich aus der persönlichen Auffassung Paul Müller-Kaempffs zur Landschaft ergab.

Seit es die Malschule gab und Ahrenshoop bekannter wurde, kamen von 1894 bis 1896 weitere Malerinnen und Maler in das Dorf und suchten sich markante Stellen, die seitdem zum „Erkennungsmerkmal" der Landschaft des Fischlandes gehören, als da sind: das Hohe Ufer, die Dünen, Schafe in den Dünen, die Dorfstraße, Kühe auf der Weide, die rohrgedeckten Katen, der Schifferfriedhof und der Darßwald.

Als weiterer Mecklenburger malte in den 90er Jahren Karl Lorenz Rettich (1841 Rosenhagen/Mecklenburg – 1904 Lübeck) wahrscheinlich auf Anregung von Carl Malchin in Ahrenshoop. Er studierte in München, Düsseldorf, Dresden und ebenfalls bei Theodor Hagen in Weimar. Er lebte einige Jahre in München, Graal und Lübeck. Mit Carl Malchin und Paul Müller-Kaempff gehört er zu den Entdeckern des malerischen Fischlandes und überlieferte von seinen häufigen Aufenthalten in Ahrenshoop reiche künstlerische Werke.

Es konnte nicht ausbleiben, daß sich bei den Malern auch immer wieder Malschülerinnen anmeldeten. Diese – abschätzig genannten – Malweiber kamen in der Regel aus begütertem Hause. Da ihnen ein Zugang zu den Kunstschulen des Kaiserreichs noch verwehrt wurde, war eine kunstakademische Ausbildung nur auf privater Ebene und mit dem vor allem finanziellen Wohlwollen der Verwandtschaft möglich. Solche Studienbedingungen legten proletarischen Frauen fast unüberwindbare Grenzen auf. Da nimmt es nicht Wunder, daß die Einrichtung gleich mehrerer privater Malschulen in einem Ort besonders attraktiv für die Frauen war. So bestimmten besonders in den achtziger und neunziger Jahren Malschülerinnen das Bild von Ahrenshoop: Als Beispiel für all die anderen sei Otty Kaysel (1875 Ludwigslust – 1956 Hamburg) genannt. Sie war Schülerin von Paul Müller-Kaempff und des Porträtmalers G. L. Meyn in Berlin. Ihr Vater hatte 1896 ein Haus an der Dorfstraße in Ahrenshoop erworben. Otty Kaysel fand ihre Motive in Ahrenshoop und am Bodden, hörte aber nach ihrer Heirat 1910 auf zu malen.

Anna Gerresheim, 1852 in Ribnitz geboren, studierte in Dresden, an der Berliner Akademie und kurze Zeit in Paris. Seit 1881 war sie dann in Berlin tätig. Bis 1914 stellt sie in Berlin (Große Kunstausstellung) und München aus. 1905 wurde sie in „Die bildenden Künstlerinnen der Neuzeit" von Anton Hirsch so beschrieben: „Anna Gerresheim ist eine poetische Waldmalerin, deren Gemälde echten, wahren Waldesodem atmen. Man weiß nicht, was man mehr bewundern soll, die Feinheit der Stimmung oder die technische Vollendung der Darstellung."

Sie gehörte zu den ersten Künstlerinnen in Ahrenshoop und siedelte 1895 mit ihren Schwestern Bertha und Auguste ganz in das Haus Dorfstraße 20 über, wo sie 1921 starb.

Sie studierte Motive und Farben stundenlang in der Natur, ließ sie auf sich einwirken, malte ihr Bild dann aber im Atelier. Unter den Ahrenshooper Malern bildete sie damit eine große Ausnahme.

1911 war sie mit dem Gemälde „Wintermorgen in Ahrenshoop" auf der Mecklenburgischen Kunstausstellung

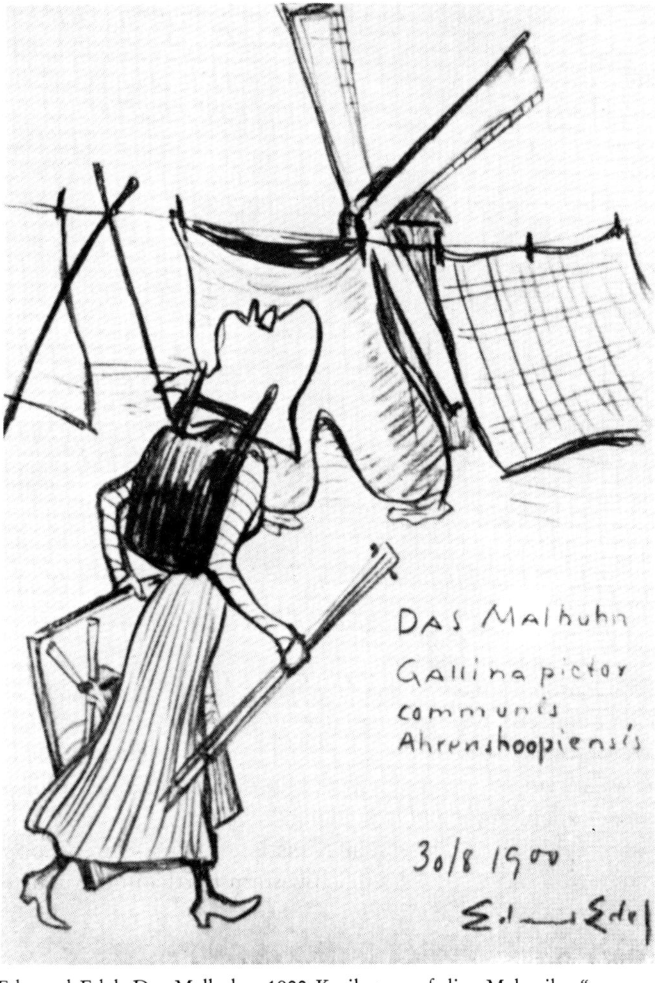

Edmund Edel, Das Malhuhn, 1900 Karikatur auf die „Malweiber“
in Ahrenshoop

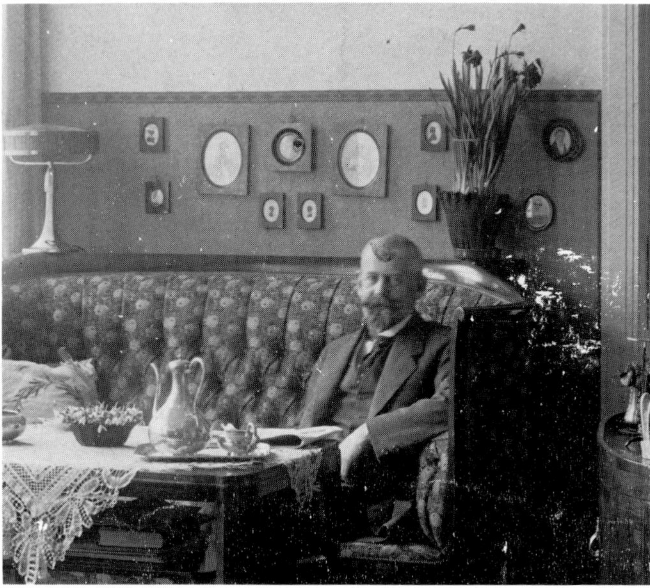

Fritz Wachenhusen in seiner Schweriner Wohnung, Foto, um 1920

in Schwerin vertreten. Sieben Jahre nach ihrem Tode wurde ihr Andenken mit einer Auswahl ihrer Bilder in einem Sonderkabinett auf der Großen Berliner Kunstausstellung gewürdigt.

Im gleichen Jahr wie Anna Gerresheim, 1892, ließ sich mit Elisabeth von Eicken eine zweite Malerin in Ahrenshoop nieder, die zu den namhaften, auch im Ausland bekannten Künstlern zählte. 1862 in Mülheim a. d. R. geboren, lebte sie bis zu ihrem Tode 1940 in Ahrenshoop im „Haus Elisabeth", das sie 1894 erbauen ließ. Sie war Schülerin von E. You in Paris und wurde durch ihre Stimmungslandschaften – besonders Waldinterieurs mit Graben oder Bachlauf, feinsinnig empfundene Dorfansichten und Motive von der Ostseeküste – bekannt. Die Bäume mit

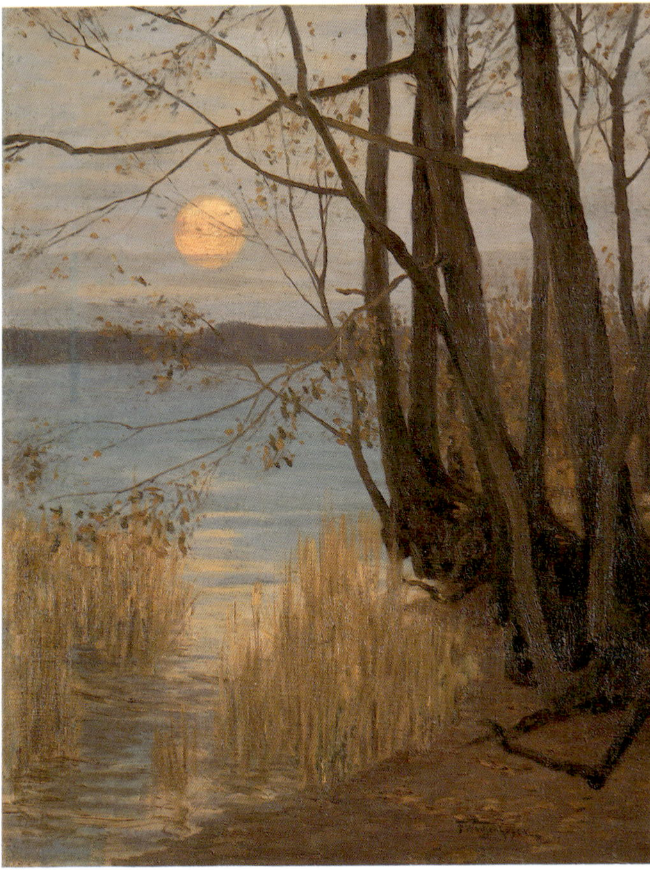

Fritz Wachenhusen, Mond über dem Bodden, Öl/Leinwand

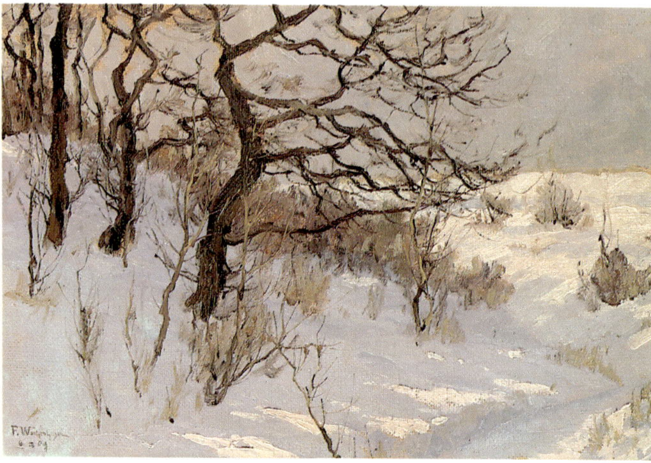

Fritz Wachenhusen, Winter in Ahrenshoop, 1909, Öl/Leinwand

ihrem Laub, der Bach oder Graben, Moose, Farne und Flechten bezaubern in ihrer Farbwahl und der ihr eigenen künstlerischen Handschrift.

Seit 1894 war sie alljährlich auf der Großen Berliner Kunstausstellung und anderen Ausstellungen des In- und Auslandes vertreten.

1906 erhielt sie in St. Louis eine goldene Medaille für ihre Gobelinmalerei „Herbstwald".

1896 kamen die Maler Fritz Grebe und Hugo Richter-Lefensdorf nach Ahrenshoop, 1897 Fritz Wachenhusen und Martin Körte.

Doch sicher waren es nicht ausschließlich die vielen Motive, die Ahrenshoop und das Fischland boten, die die Künstler in dem kleinen Fischerdorf motivierten, sich hier niederzulassen. Auch wirtschaftliche Überlegungen sind nicht auszuschließen, gab es doch die Möglichkeit, Grundstücke und Häuser für wenig Geld zu kaufen, da die Bodenspekulation hier noch nicht dem Einfluß der Städte

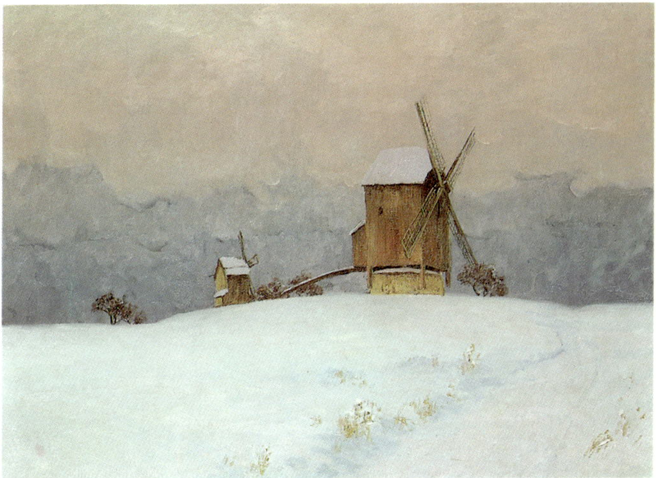

Fritz Wachenhusen, Mühlen im Schnee, o. J., Öl/Leinwand

unterlag und die Lebenshaltungskosten billiger als in den Badeorten der Küste waren.

Fritz Grebe (1850 Heisebeck bei Karlshagen/Hessen – um 1920) war Schüler der Kasseler Akademie und danach in Düsseldorf und Berlin tätig. Seit 1880 war er fast jährlich auf den größeren Ausstellungen mit Landschaften vom Rhein, der Meeresküste und von Norwegen vertreten.

1895 baute er sich in Ahrenshoop am Grenzweg ein Haus, das er 1923 wieder verkaufte. Er war der älteste Vertreter der Ahrenshooper Künstlerkolonie.

Das Gemälde „Am Dollart bei Emden" beweist seine Meisterschaft bei der Wiedergabe der Landschaft.

Hugo Richter-Lefensdorf, Landschafts-, Bildnis- und Stillebenmaler, erbaute 1896 das Haus Dorfstraße 30 in Ahrenshoop. Mit seiner breiten verglasten Vorderfront fiel das Einraum-Atelierhaus unter den anderen Häusern besonders auf.

Hugo Richter-Lefensdorf, 1854 in Lefensdorf bei Waren

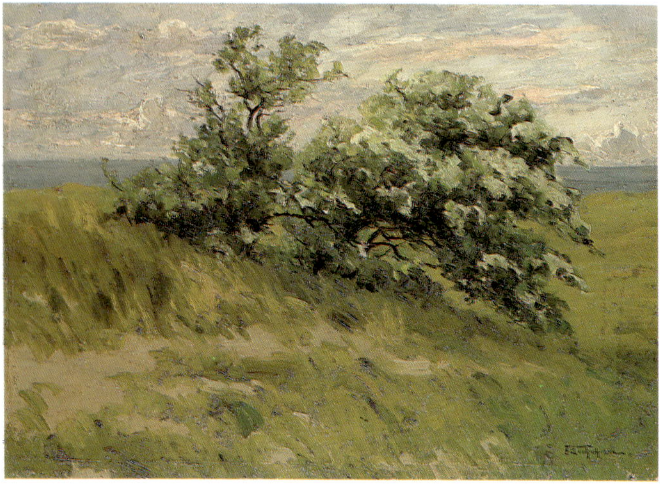

Fritz Wachenhusen, Blühender Busch, o.J., Öl/Leinwand

(Mecklenburg) geboren, beendete sein Leben 1904 in Berlin durch Freitod, als drei seiner Bilder, die er der Großen Kunstausstellung eingereicht hatte, zurückgewiesen wurden.

Er war Schüler der Berliner Akademie und wurde mit Darstellungen aus dem bayerischen Hochmoor bekannt.

Sein Grab befindet sich auf dem Friedhof in Ahrenshoop.

Mit Fritz Wachenhusen (1859 Schwerin – 1925 Schwerin) kam ein weiterer Mecklenburger und Schüler der Weimarer Malerschule von Theodor Hagen nach Ahrenshoop, das er durch Carl Malchin, der ja ebenfalls Schweriner war, kennenlernte. Er studierte an der Akademie Karlsruhe, in Weimar und in Berlin bei Eugen Bracht.

Nach seiner Heirat baute er sich 1897 in Ahrenshoop ein Haus auf der Düne und gründete hier eine Sommermalschule. Von einer kleinen Malhütte aus arbeitete er auch im Winter. Seine Schneebilder weisen einen besonderen Reiz

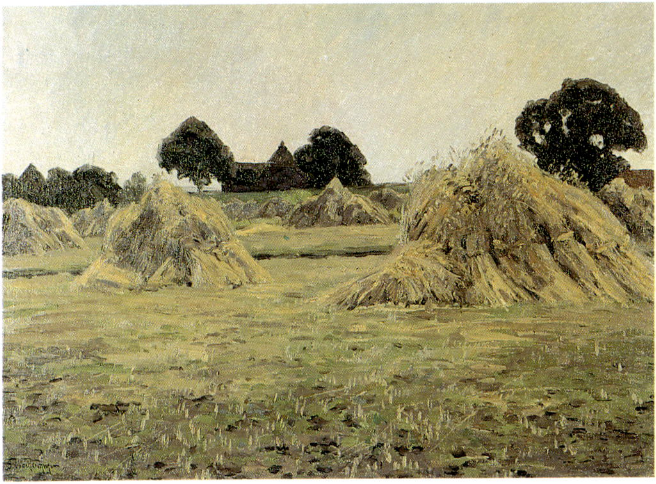

Fritz Wachenhusen, Althagen auf Fischland, o. J., Öl/Leinwand

auf. Er war begeisterter Anhänger von Ahrenshoop und eng mit der idyllischen Landschaft, mit Meer, Bodden und Darßwald verbunden. Die Urne Fritz Wachenhausens wurde übrigens auf seinen Wunsch auf dem Ahrenshooper Friedhof, nur wenige Schritte von seinem Haus auf dem Schifferberg entfernt, beigesetzt.

Der Porträtmaler Martin Körte (1857 in Berlin geboren) erbaute 1896 das heute zur Bunten Stube gehörende Haus Dorfstraße 26. Seine Studienjahre verbrachte er an den Akademien Berlin und München und arbeitete dann als Lehrer an der Akademie und der Unterrichtsanstalt des Kunstgewerbemuseums Berlin. Viele seiner Werke waren auf den großen Berliner Ausstellungen vor und nach der Jahrhundertwende zu sehen.

Als Jüngster kam der 1866 in München geborene Theobald Schorn nach Ahrenshoop. Auch er ließ sich 1908/09 ein Haus im Strandweg 2 bauen.

Schorn war Schüler der Münchener Akademie und dort

auch als Landschafts- und Genremaler tätig. Er hatte größere Studienreisen gemacht, die ihn bis nach Tibet führten. In seinen einfühlsamen Bildern erfaßt er das Typische der Landschaft um Ahrenshoop. Sein „Fischländer Gehöft im Schnee“ bringt trotz der ringsum herrschenden Winterkälte in seinen zarten Brauntönen die Geborgenheit der sich an die Erde schmiegenden Katen zum Ausdruck.

Das Gesicht Ahrenshoops wurde inzwischen durch die Maler bestimmt. Der Jurist Rudolf Ziel, einer der alten Freunde des Maler- und Fischerdorfes, beschreibt, daß Paul Müller-Kaempff und Wachenhusen, Körte, Anna Gerresheim, Grebe und die in Althagen angesiedelten Karl Friedrich Koch, Heinrich Schlotermann, der Berliner Eichstädt und der Hamburger Carl Rathjen die markanten Malergestalten waren, die sich abends um den runden Stammtisch des Dorfkrugs zusammenfanden, der heute unter dem Namen „Zum Seezeichen“ bekannt ist.

Carl Friedrich Koch, Hugo Jaeckel und der Landschaftsmaler Heinrich Schlotermann waren inzwischen im nahen Ortsteil Althagen ansässig geworden, wo sie sich Büdnereien, alte, kleine Hofstellen, wohnlich eingerichtet hatten.

Heinrich Schlotermann, 1859 in Thüringen geboren, war Schüler von Eugen Bracht in Berlin. Er war regelmäßig auf Berliner Kunstausstellungen um die Jahrhundertwende vertreten.

Über Hugo Jaeckel, 1864 in Spandau geboren, ist bislang kaum etwas bekannt. Das 1912 gemalte Bild „Blick auf den Althäger Hafen“ vermittelt mit dem alten Ziehbrunnen einen Eindruck von der reizvollen sommerlichen Landschaft der Boddenseite des Fischlandes.

So hatten um die Jahrhundertwende bereits 16 Maler in Ahrenshoop ihren ständigen Wohnsitz, die sich aus der Großstadt zurückgezogen hatten, in der Gemeinschaft Gleichgesinnter lebten und durch die Schönheit der Landschaft zu produktivem Schaffen und Wirken angeregt wur-

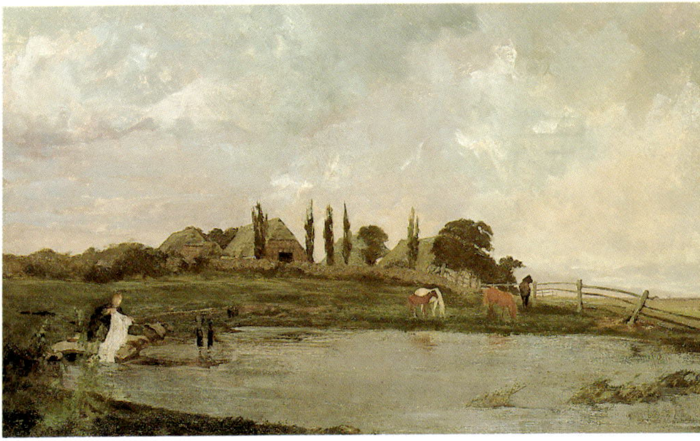

Anna Gerresheim, Bauerngehöft, o. J., Öl/Leinwand

den und damit lebensfördernde Kraft bewiesen:

„... Bald stand das ganze Dorf im Zeichen der Maler. An allen Ecken und Enden vom Darß bis zum Bodden saßen sie und malten die wunderbar unberührte Landschaft."

Die Malschülerinnen von Paul Müller-Kaempff Eva von Pannewitz und Henriette von Choffel ließen sich ihr Haus am Schifferberg 7/8 und Hella Hegewald in der Dorfstraße 41 erbauen.

Im Haus der Eva von Pannewitz waren sämtliche Türen und Glasscheiben mit Ranken und Blumen bemalt.

In einem Gästebuch findet man die Situation vielleicht treffend parodiert:

„Ich kam hierher ganz ahnungslos,
Das Seebad zu genießen,
Da sah ich Maler, Pilzen gleich,
Rings aus der Erde schießen.
Es gibt an keinem Ort der Welt
Solch Massenheer von Pinseln
Auch hört ich hinter jedem Busch
Ein feuchtes Malweib winseln.

Sie streifen hin durch Feld und Flur,
Bald einzeln, bald im Rudel, – …"

Auch Käthe Miethe äußert sich in einem ihrer Bücher dazu:

„Ahrenshoop war damals noch von der ersten Malergeneration bevölkert, die dieses weltabgelegene Dorf mit seinen wenigen Häusern und Menschen entdeckt hatte. Paul Müller-Kaempff, Fritz Wachenhusen, Elisabeth von Eicken und Anna Gerresheim, Fritz Grebe und Richter-Lefensdorf, der Professor Martin Körte, alle diese Maler, Zeichner und Radierer hatten sich bereits eigene Häuser gebaut. Auch das ‚Sankt Lukas' als Heim der Malschüler und Malschülerinnen, die die Künstler nach sich zogen, stand schon im Dorf. Und rundum in den kleinen Fischerhäusern hatten sich Künstler, Schriftsteller, Schauspieler und Sänger eingemietet. Ahrenshoop war damals tatsächlich eine Künstlerkolonie. Wohin man schaute – überall saß jemand zeichnend auf einem Stühlchen oder stand vor einer Staffelei, und besonders beliebte Motive, wie das Dornenhaus waren förmlich umlagert. Jede Hocke auf dem Felde bot einem Maler Schutz vor dem Wind. Mit den Künstlern folgten die Feste. Es gab Bunte Abende …"

Nicht nur die Holländerhüte, die die Malerinnen von den Einheimischen übernommen hatten, waren auffallend, es gab noch eine weitere Besonderheit.

Die meisten der in Ahrenshoop ansässigen Maler benutzten das in ihrem Haus eingebaute Atelier kaum, sondern malten draußen vor der Natur.

Dazu ließen sich einige dem Schäferkarren ähnliche Malhäuschen in der Größe von 2 × 2 bzw. 2 × 3 Metern bauen, die mehrfach sogar mit Fenster und kleinem Ofen ausgerüstet waren und vor das gewählte Motiv gestellt wurden, was die Maler von der Witterung unabhängig machte.

Die Kunde von dem Fischerdorf Ahrenshoop erreichte auch das Binnenland, und Freunde der Künstler, Malschü-

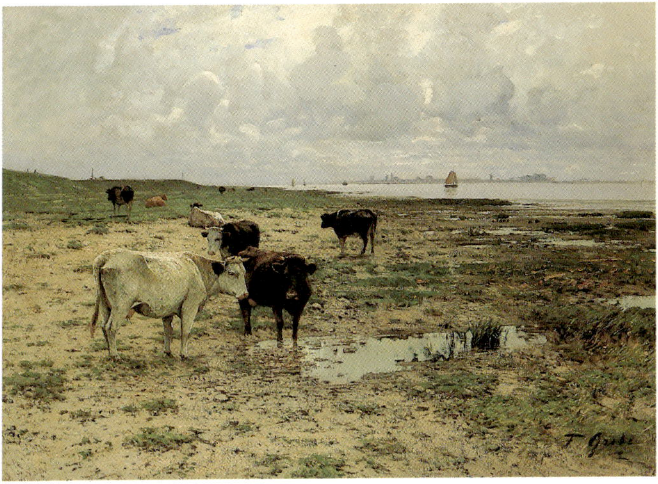

Fritz Grebe, Am Dollart bei Emden, o. J., Öl/Leinwand

ler mit ihren Angehörigen, Schriftsteller und Kreise des Bürgertums, die Ahrenshoop als Ferienort wählten und sich hier Sommerhäuser bauen ließen, bevölkerten Ahrenshoop. Die Maler erhielten damit ein neues Publikum für ihre Bilder und durch den Verkauf die so dringend benötigte Erwerbsquelle.

Hier lag die Einrichtung einer ständigen Ausstellungsmöglichkeit für alle Künstler, ja, auch für die einheimischen Handwerker nahe. Durch den maßgeblichen Einfluß, den Paul Müller-Kaempff durch den Besuch von adliger Seite hatte, der sich für seine Bilder interessierte, konnte ein Zuschuß das Vorhaben des „Kunstkaten", das zusammen mit Wachenhusen und Schorn schon lange geplant war, endlich realisieren helfen. Dieser Bau sollte gleichzeitig als Beispiel für vorbildliche Neubauten in Ahrenshoop dienen, indem man sich den Fischlandhäusern mit den Rohrdächern und damit der in dieser Landschaft üblichen Hausform anpaßte, ohne den Charakter seiner Bestimmung aus

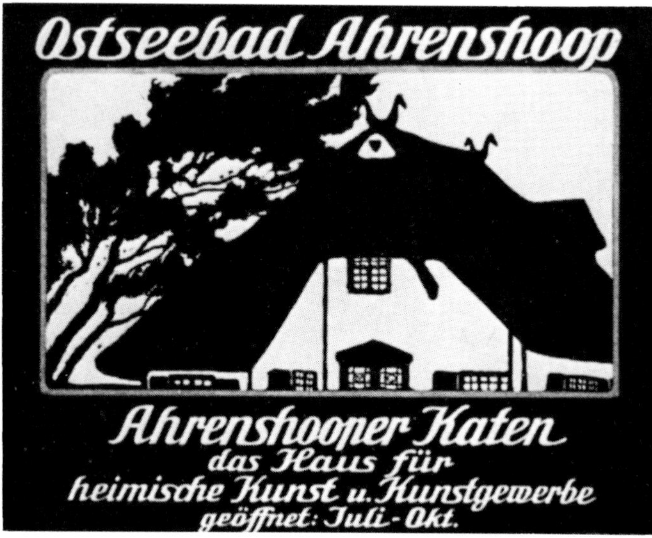

Altes Plakat für den Kunstkaten in Ahrenshoop, 1909

dem Auge zu verlieren. Mit einer solchen Einrichtung gehen die Ahrenshooper Künstler übrigens unabhängig die gleichen Wege wie ihre Kollegen in den zu gleicher Zeit an anderen Orten entstandenen Künstlerkolonien.

Am 11. Juli 1909 wurde der „Ahrenshooper Katen, das Haus für einheimische Kunst und Kunstgewerbe" eröffnet. Damit erhielten die Künstler eine Ausstellungsstätte, und es wurden preiswerte Reiseandenken, kleine Zeichnungen der Maler und allerhand kunsthandwerkliches Gerät angeboten. Professor Müller-Kaempff entwarf Muster von Tischen und Stühlen, die von den Einheimischen nachgebaut und im Kunstkaten zum Kauf angeboten wurden. Solche Art Reiseandenken hob Ahrenshoop aus dem auch damals schon vertriebenen üblichen Andenkenkitsch hervor.

Der Ahrenshooper Kunstverein, dem auch die alten Ahrenshooper Maler angehörten, versuchte, den Charakter

Ahrenshoops als einfaches Stranddorf zu erhalten und wandte sich in dem ausgearbeiteten Ortsstatut und in seiner Denkschrift an den Landrat gegen Häuser in städtischem Villenstil und mehrstöckige Pensionen. Er warnte immer wieder vor einer Verschandelung des Dorfbildes.

1909 schrieb ein Ahrenshoopbesucher in der „Täglichen Rundschau", der „Zeitung für nationale Politik und die Gebildeten aller Stände":

„... Dies Nordende des Fischlandes und der schmale Dünenstreifen, auf dem das Maler- und Fischerdorf Ahrenshoop liegt, ist schon eine Landschaft, wie sie mancher Maler sucht. Die einfachen, schmiegsamen Formen des Landes und der alten bodenwüchsigen Häuser mit ihren alten Rohrdächern längs des Boddens, die Sonnenuntergänge und die Mondscheinnächte, ...
O, es läßt sich da schon etwas malen."

Ahrenshoop war inzwischen zu einer Arbeitsstätte für einen Kreis von Künstlern geworden, die zwar im „Kunstkaten" und auch im Schweriner Museum ausstellten, denen aber das Gemeinsame und Verbindende im künstlerischen Wollen fehlte. Es ist hier nicht einfach nachzuvollziehen, was die tatsächlichen Gründe dafür sein mögen, aber ein Vergleich mit anderen Künstlerkolonien zeigt, daß die individuellen Charaktere der einzelnen nur eine begrenzte Gemeinsamkeit zuließen, die zu einem Durchbruch von größerer oder dauerhafterer nationaler Popularität, die zumindest eine gemeinsame Malweise aufweisen müßte, nicht zuließen.

Trotzdem kamen immer wieder weitere Maler in diese herbschöne Landschaft des Fischlandes.

Zu ihnen gehörte Thuro Balzer (1882–1967), der an der Breslauer Akademie studierte und seit 1908 als Kunsterzieher in Rostock tätig war. Er hielt sich viele Sommer lang in Althagen auf, kaufte 1914 ein Haus in Wieck und übersiedelte 1916 nach Wustrow.

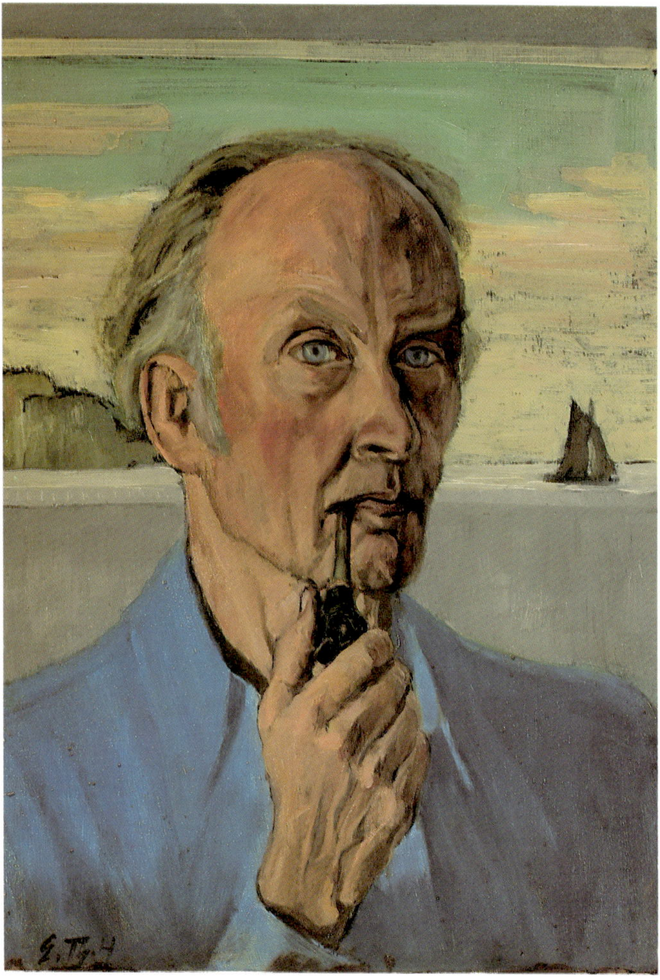

Erich Theodor Holtz, Selbstbildnis mit Pfeife, o. J., Öl/Sperrholz

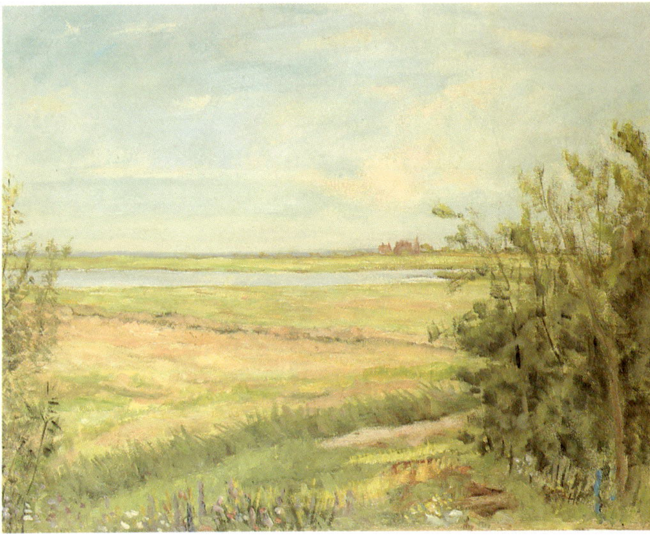

Erich Theodor Holtz, Landschaft am Bodden, 1943, Öl/Holz

1912 ließ sich der Porträtmaler Franz Triebsch auf den Dünen, auf dem Schifferberg, dem Darß zu, sein Haus errichten. Von hier aus bietet sich dem Betrachter ein Bild auf See und Bodden. Franz Triebsch (1870 Berlin – 1956 Ahrenshoop), war Schüler der Berliner Akademie. In Ahrenshoop, wo er in den Sommermonaten bis zu seinem Tode oft weilte, malte er auch Landschaften.

Sein Bild „Am Katen“ besticht in der Einfachheit und Anspruchslosigkeit des Motivs, strahlt aber durch die lichtdurchflutete lockere Malweise und den großzügigen Pinselstrich eine faszinierende Wirkung aus.

Aber auch Prerow und der Nordosten des Darß wurden in diesen Jahren von mittlerweilen namhaften Malern besucht und künstlerisch erobert, wie Ahrenshoop und der südwestliche Darß.

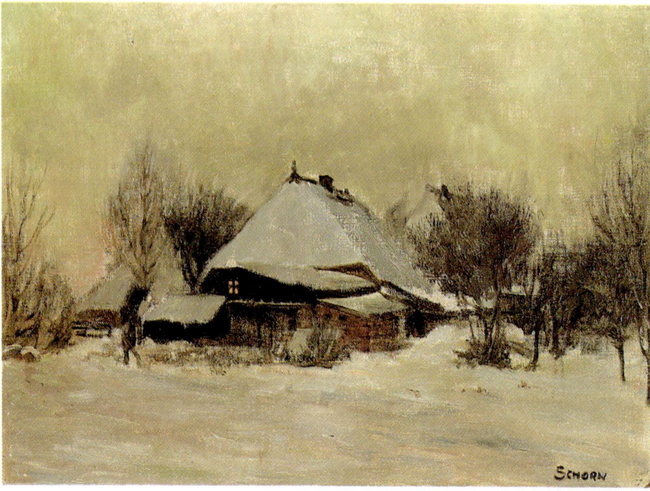

Theobald Schorn, Fischländer Bauerngehöft im Schnee, o. J., Öl/Leinwand

Zu nennen wäre vor allem der Barther Maler Louis Douzette, der in Prerow viele Sommer wohnte und malte, dessen Bild „Alt-Prerow" ebenso von der Berliner Nationalgalerie angekauft wurde, wie Flickels berühmten „Buchen bei Prerow". Auch der Hamburger Maler Cesar Klein kam 1909 von Hamburg herüber und legte durch mehrere Bilder Zeugnis einer schaffensreichen Zeit ab.

Im Frühling und Sommer des Jahres 1911 war auch Alexej von Jawlensky – Mitbegründer des „Blauen Reiter" und Marianne Werefkin in Prerow. Zwei Bilder zeugen noch heute von dem großen Farbenerlebnis, daß Jawlensky in dieser sonnendurchfluteten Landschaft gehabt haben muß. Zu gleicher Zeit war auch Erich Heckel, Mitbegründer der „Brücke" in Prerow.

Weiterere wichtige Namen wären der Berliner Maler und Radierer Adolf Döring, ein Schwiegersohn Douzettes, Max Lingner und Werner Gilles, die nach dem Ersten Weltkrieg

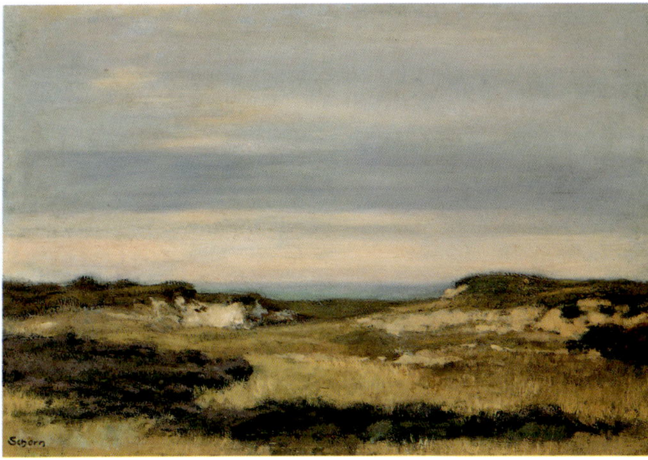

Theobald Schorn, Dünen, o. J., Öl/Holz

zeitweilig in Born lebten, Robert Geßner, der in Prerow ein Atelier hatte, nach dem Zweiten Weltkrieg nach Born zog und dort sein durch den Krieg zerstörtes Werk durch ein neues ersetzte; Otto W. Luke und Willy Jaeckel, der, wie Ivo Hauptmann von Hiddensee aus häufig zum Darß kam, um zu malen.

1911 lernte auch Dora Stetter, 1881 in Bayreuth geboren, Ahrenshoop und das Fischland kennen.

Es entstehen solche Gemälde wie „Haus Droß in Ahrenshoop" (1911) und „Das rote Haus in Althagen" (1924).

Sie war Schülerin von Lovis Corinth und Arthur Segal. Ihre Bilder zeigen im Gegensatz zu den anderen Ahrenshooper Malern kraftvolle Farben und expressionistische Gestaltungsmerkmale.

An ihr zeigt sich exemplarisch das Schicksal der Malerinnen, die trotz großer Begabung nach der Heirat ihre Fähigkeiten zugunsten der traditionellen weiblichen Rolle aufgeben oder stark zurückdrängen.

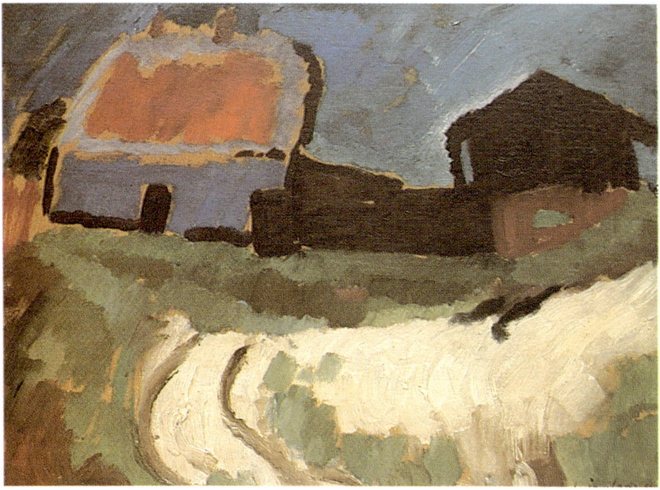

Alexej von Jawlensky, Auf dem Darß, 1911
1911 und 1912 waren äußerst produktive Schaffensjahre, in denen Jawlensky, der Stärke seiner Werke immer mehr bewußt wird und eifrig „wie aus einer inneren Ekstase heraus" Bilder malt.

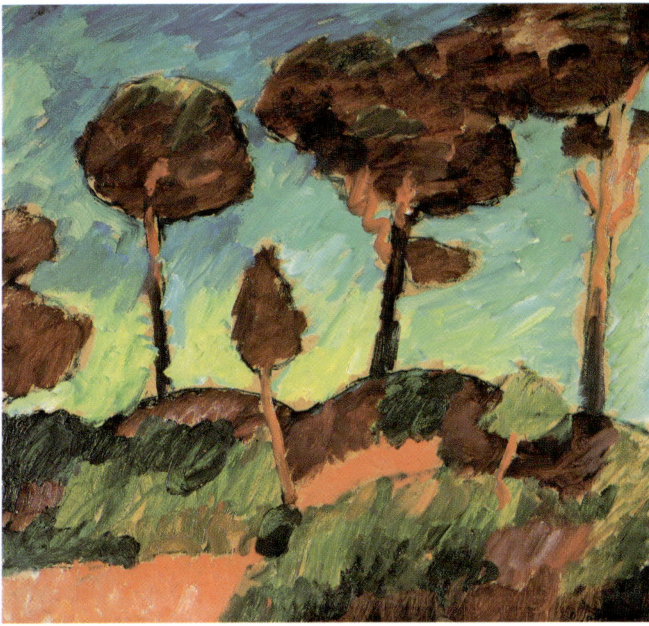

Alexej von Jawlensky, Bäume bei Prerow, 1911
In einem Brief an seinen Freund Jan Verkade beschreibt Jawlensky seine künstlerische Entwicklung: „Im Jahre 1911 kam ich zu einer persönlichen Form und Farbe und habe gewaltige figurale Bilder und Köpfe gemalt und mir damit einen Namen gemacht." Nach den Tagen und Wochen des Aufenthaltes in Prerow hatte Jawlensky 1911 seine erste Einzelausstellung.

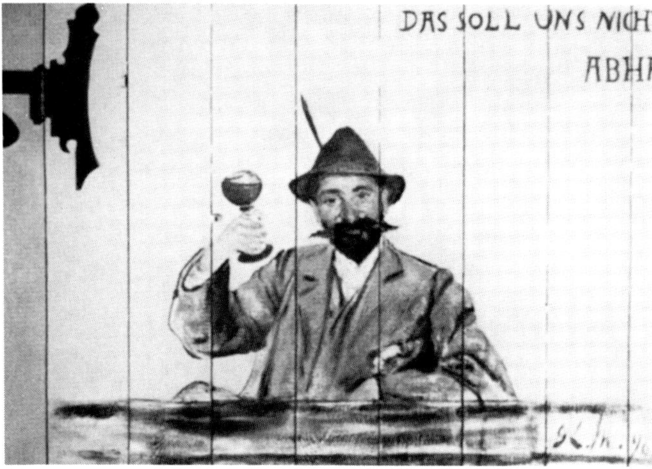

Von Malerfreunden an die Tür gemalt: der Maler Hugo Richter-Lefensdorf

Auch der Genre- und Porträtmaler Georg Ludwig Meyn (1859 Berlin – 1920 Berlin), der seit 1900 Lehrer an der Berliner Akademie war, gehörte zum Freundeskreis der frühen Malerkolonie. Er malte 1896 ein Porträt von Richter-Lefensdorf an die Kellertür in dessen Haus.
Die Künstler auf dem Fischland und dem Darß waren abgeschieden und unter sich. Man traf und kannte sich. Es war, wie Hermann Glander und Erich Venzmer schreiben „immer noch die Zeit des Suchens, der Gruppenbildungen und des Experimentierens mit neuen Formen" und Malweisen. In diese künstlerische Ruhe brach der Erste Weltkrieg wie ein fast unerwarteter Schock ein, der viele Vorhaben, manchem künstlerischen Weg ein jähes Ende setzte. Eine wichtige Phase der Künstlerkolonie Ahrenshoop war unwiederbringlich geworden[4].

„So sind die Jahre dahingegangen. Mutter Schumacher blieb mir auch im eigenen Hause eine treue Wirtschafterin. Nebenbei richtete sie in ihrem Häuschen einen vielbesuchten Mittagstisch für Badegäste ein und hat in ihrer winzigen Küche oft für 50 und mehr Gäste gekocht. Das heißt, sie kochte auch auf dem Hofe, und wurde daher einmal feierlich zur ‚Hofköchin' ernannt. Diese Frau war ein Original. In dem von Jahren und harter Arbeit verwitterten Antlitz sah man noch die Spuren einstiger großer Schönheit. Sehr intelligent und von großer Güte ist sie heute noch Hunderten ihrer Tischgäste, darunter nicht wenigen Mecklenburgern, in freundschaftlicher Erinnerung. Sie sprach fast nur Platt, nur wenn sie unberechtigte Ansprüche überlegen und oft mit Witz zurückwies, bediente sie sich des Hochdeutschen. Aber ein Wesen gab es, zu dem sie nur Hochdeutsch sprach, das war ihr Hund, ein total mißglückter Dackel oder vielmehr Dackelin mit dem schönen Namen Minka. Sie behauptete steif und fest, Minka verstände kein Platt, da sie aus der Stadt komme, und so hörte ich sie einmal in ihrer Küche sagen: ‚Meine liebe Minka, möchtest du nun auch Mittag essen?' Minka mochte natürlich immer. Aber dieser unförmig dicke Hund war ein Ausbund von Klugheit, holte er doch auf Mutters Befehl mit unfehlbarer Sicherheit Vater Schumacher von seinen Netzen am Strande, wenn das Essen fertig war. Letzterer war in jungen Jahren Matrose gewesen, war aber kaum über die Ost- und Nordsee hinausgekommen. Doch, einmal war er im Mittelmeer gewesen und von dort hatte er seine schönste Erinnerung mitgebracht. In Messina hatten er und seine Mitmatrosen sich in der nächsten Hafenkneipe an dem ungewohnten feurigen Südwein einen derartigen Rausch angetrunken, daß der Kapitän mit der Abfahrt drei Tage warten

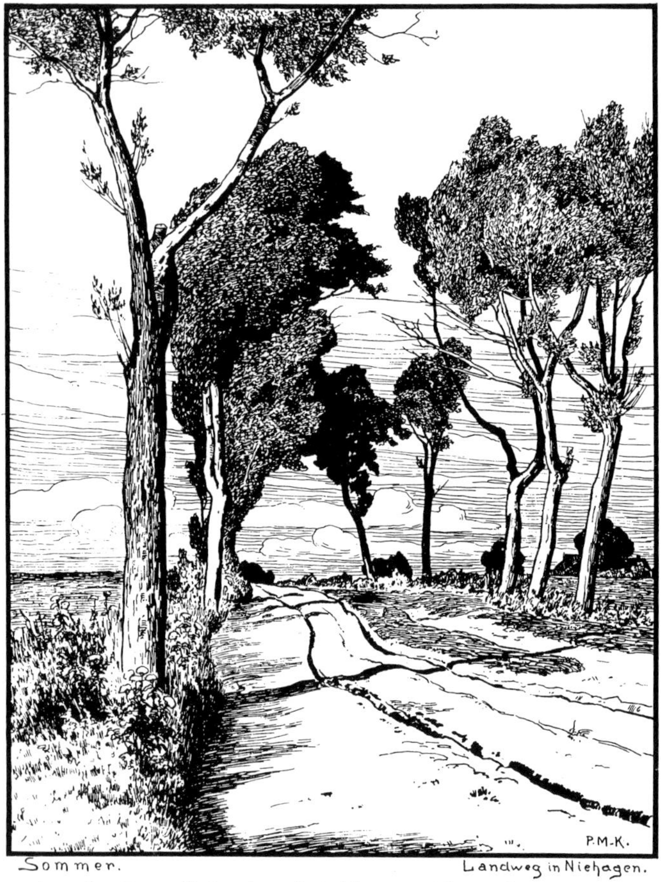

Paul Müller-Kaempff, Landweg in Niehagen, Lithographie, um 1900

mußte, bis seine Mannschaft wieder nüchtern war. In jungen Jahren hatte Mutter Schumacher in einem Predigerhause gedient und dank ihres glänzenden Gedächtnisses stak sie voll von Zitaten, die aus ihrem Munde sehr drollig klangen. Als ich sie einmal auf dem dunklen Hausflur umgerannt hatte und schon fürchtete, daß sie sich ernstlich verletzt hätte, ertönte plötzlich ihre Stimme: ‚Nun hast du mir den ersten Schmerz getan.‘ Es verging kaum ein Tag, an dem sie nicht die kleinen Tagesereignisse mit solch klassischen Zitaten gewürzt hätte. An langen Winterabenden, wenn sie keine andere Lektüre hatte, las sie ihrem Alten Kochrezepte vor, und wenn sie an ein besonders gutes kam, pflegte Vater Schumacher zu sagen: ‚Mudding, dat kannst noch mal vörlesen, dat sall ja woll to schön schmekken.‘

Unter ihren Gästen machte sie keinen Unterschied, Titel und Würden imponierten ihr nicht. Eines Tages hatte eine alte Exzellenz ein Bild von mir gekauft, und als der alte Herr meinte, er habe es sehr preiswert erstanden, sagte Mutter Schumacher: ‚Schad’ nich, Esz’lenz, lütt Veih makt ook Meß‘. Ein Vergnügen war es, die alte Frau erzählen zu hören von vergangenen Tagen, konnte sie doch in ihren alten Tagen gut 60 Jahre zurückdenken. So von Schmugglergeschichten, von Schiffbrüchen, Wassernot und Sturmfluten und von dem im Ahrenshooper Walde spukenden Franzosen, der dort Anfang des vorigen Jahrhunderts hinterrücks vom Pferde geschossen war und mit dessen wohlgefüllter Geldkatze der Täter seinen verschuldeten Hof gerettet haben soll.

Jetzt liegt Mutter Schumacher längst unter dem grünen Rasen, Ahrenshoop ist Badeort geworden und nur wenige wissen, wie schön es einst war, als es ringsum noch spottweise ‚Pauwerdörp‘ genannt wurde.“

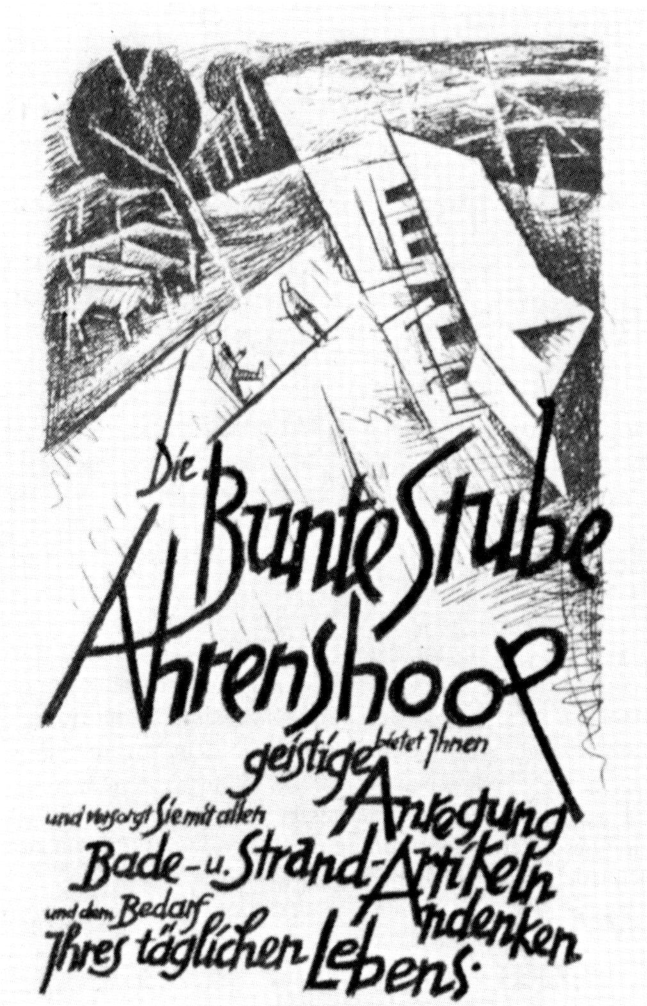

Hans Brass, Plakat für die „Bunte Stube“, Ahrenshoop, ca. 1925

KÜNSTLER UND KÜNSTLERVOLK – AHRENSHOOP NACH 1918

Im November 1918 drang auch nach Ahrenshoop die Kunde vom Ende des Krieges. Doch das alte Vorkriegs-Ahrenshoop, das heitere gesellige Malervolk gab es nicht mehr, die Auswirkungen des zerstörerischen Weltkrieges hatten auch das abgelegene Fischland nicht verschont. Einige Maler waren gestorben, andere verkauften ihre Häuser und verließen Ahrenshoop, nur wenige blieben. Denn in jener wirtschaftlichen Notzeit war kaum einer an Bildern interessiert, die Maler hatten es schwer, zumal in dieser Abgeschiedenheit, ihrer Berufung nachzugehen. Der unter den Ahrenshooper Künstlern legendäre Paul Müller-Kaempff möge hier als Beispiel stehen. Während der Inflation verkaufte er seinen Ahrenshooper Besitz und mußte sich später mühsam seinen Lebensunterhalt durch den Verkauf gemalter Postkarten an den Stränden der Seebäder Graal und Müritz verdienen.

Auch das ist bezeichnend für die Misere der Künste jener Jahre: der Kunstkaten ging 1918 in Privathand über und diente fortan als Wohnhaus. Damit hatten die Ahrenshooper Maler ihre einzige Ausstellungsstätte im Ort verloren.

Nur wenige Künstler lebten noch auf dem Fischland. Die Zeit der ursprünglichen Künstlerkolonie war vorüber.

Trotz all dieser Veränderungen aber hatte Ahrenshoop seine besondere Ausstrahlung und Anziehungskraft für das „Künstlervolk“ behalten.

Immer noch lag es abgeschieden zwischen Meer und Bodden und war wie eh und je nur mühsam von Ribnitz aus über den Bodden zu erreichen. Das Schiff machte in Wustrow oder Althagen fest, nach Ahrenshoop führte dann ein ausgefahrener Sandweg. Ist sie auch beschwerlich, der Besucher spürt auf dieser Reise schon den Zauber der weiten, herb schönen norddeutschen Küstenlandschaft, und

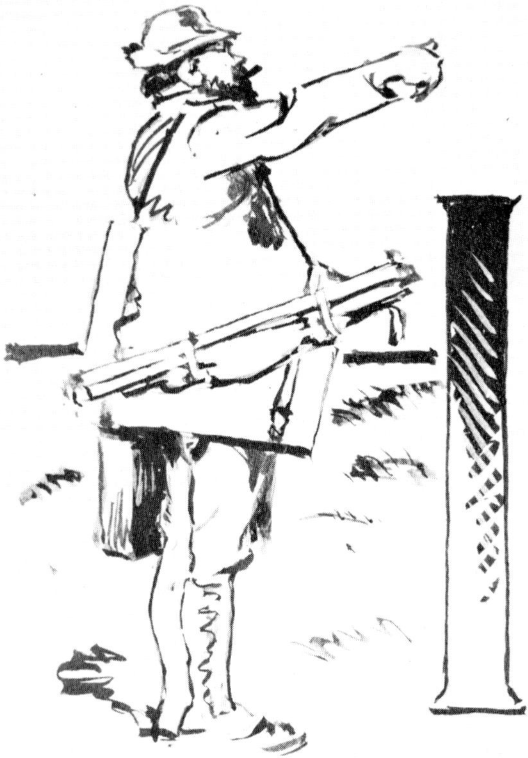

Fritz Koch-Gotha, Illustration aus „Das Fischland“ von Käthe Miethe

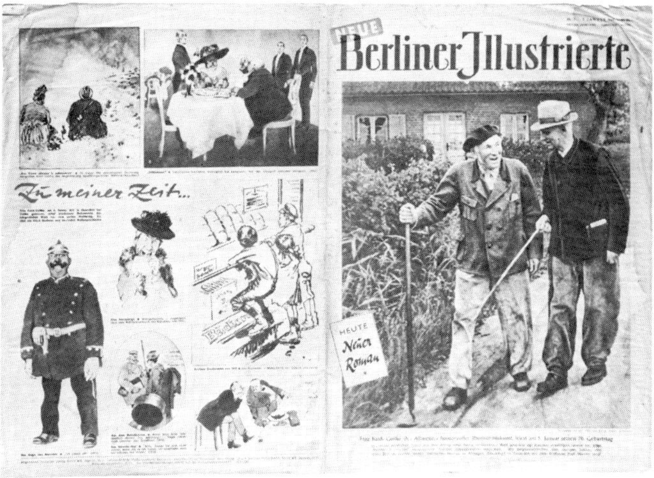

Die „Berliner Illustrirte“, links Karikaturen und Zeichnungen von Fritz Koch-Gotha, rechts der Künstler im Gespräch mit Gerhard Marcks

wer sie einmal kennenlernte, verliert wohl nie die Sehnsucht, wiederzukommen.

Wieviele „Künstlerseelen“ haben dies empfunden und kehrten jahrein – jahraus immer wieder zurück.

Schon bald nach dem Kriege verbreiteten sich viele neue Künstler über das Fischland, hielten sich aber größtenteils nur in den Sommermonaten hier auf. Der Charakter dieser zweiten Künstlergeneration aber war ein anderer.

Die Pioniertat lag weit zurück, die Entwicklung war über die Freilichtmalerei längst hinweggegangen. Ein gemeinsames künstlerisches Anliegen in dieser Richtung gab es nicht mehr, auch stilistisch wurde kein einheitliches Bild mehr geboten. Ein Zeichen der Zeit; ähnliche Symptome gab es z. B. auch in Worpswede.

Mehrere Genres waren jetzt vertreten; Plastiker, Illustratoren, Kunsthandwerker mit ganz unterschiedlichen Auffassungen waren auf dem Fischland zu finden. Der enge

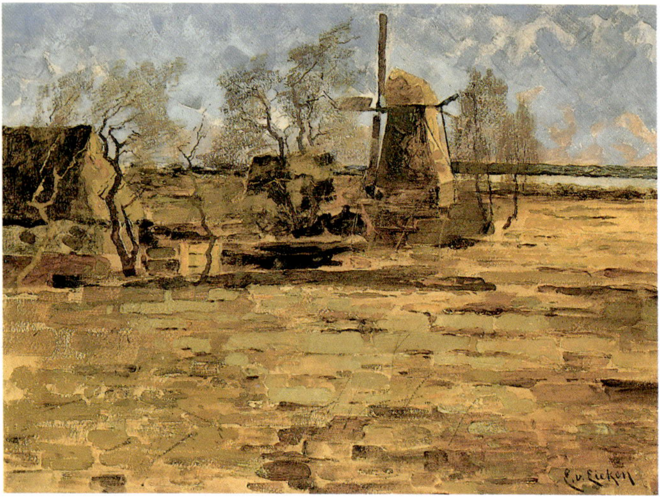

Elisabeth von Eicken, Windmühle in Ahrenshoop, o. J., Öl/Pappe

Zusammenhalt aber, wie er zu Beginn des Jahrhunderts unter den Malern geherrscht hatte, der Stammtisch in der kleinen Wirtschaft „Lukas", die lustigen Feste und Kahnpartien, all das gab es nicht wieder. Es waren nicht mehr die Maler, die das gesellige Leben am Ort bestimmten. Andere Künstlergruppen, wirtschaftlich stärkere, hatten um die Mitte der zwanziger Jahre Ahrenshoop für sich entdeckt. Schauspieler, Filmregisseure, Musiker und mehr und mehr Literaten waren jetzt tonangebend. Auch Mediziner und Juristen, Kaufleute und Wissenschaftler kauften ehemalige Malerhäuser als Sommersitz. Ahrenshoop war nicht mehr wie einst vorwiegend Schaffensort, es war ein Ort der Muße und Entspannung für einen Kreis von Künstlern und begüterte Künstlerfreunde geworden.

Freilich gab es aber auch Künstler, die nach wie vor das Fischland als ständige Heimstatt wählten und sich in Ahrenshoop, Nienhagen, Althagen oder Wustrow niederließen. Als erste kam 1919 die Malerin und Bildhauerin

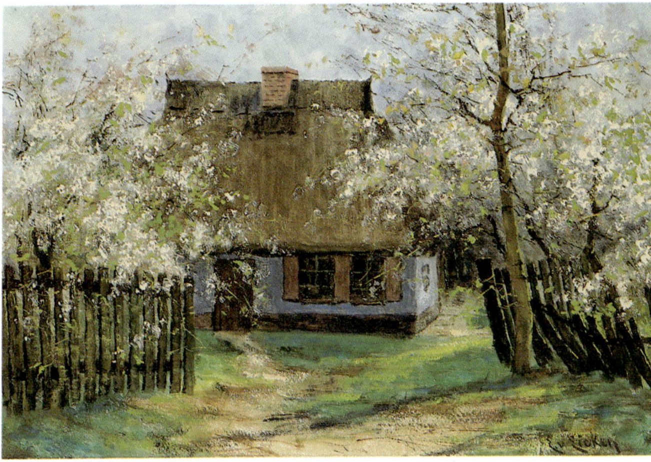

Elisabeth von Eicken, Ahrenshooper Kate, o. J., Tempera

Hedwig Woermann (1879–1960) auf das Fischland. Die aus der Hamburger Schiffsreeder- und Kunsthistorikerfamilie Woermann stammende, weitgereiste Künstlerin verbrachte ihre zweite Lebenshälfte in einem der schönen alten Rohrdachhäuser in Wustrow. Sie bewohnte es mit ihrem Mann, dem Bildhauer Johann Jaenichen (1945). Erste künstlerische Impulse empfing Hedwig Woermann bereits in ihrer Jugend in Hamburg, dann, um 1900, wie Paula Modersohn-Becker, bei Fritz Mackensen in Worpswede. Dem mehrjährigen Aufenthalt in der Worpsweder Künstlerkolonie folgte ein dreijähriges Bildhauerstudium in Paris bei Antoine Bourdelle, einem Schüler Rodins. Ausgedehnte Reisen führten die Künstlerin nach Südamerika, Asien und Afrika. Auch Rom und Dresden waren Zwischenstationen ihres Lebens.

Hedwig Woermann kehrte 1919 in ihre norddeutsche Heimat zurück, und hier auf dem Fischland gelangte ihre Malerei zur Reife. Nicht die Malweise der Impressionisten

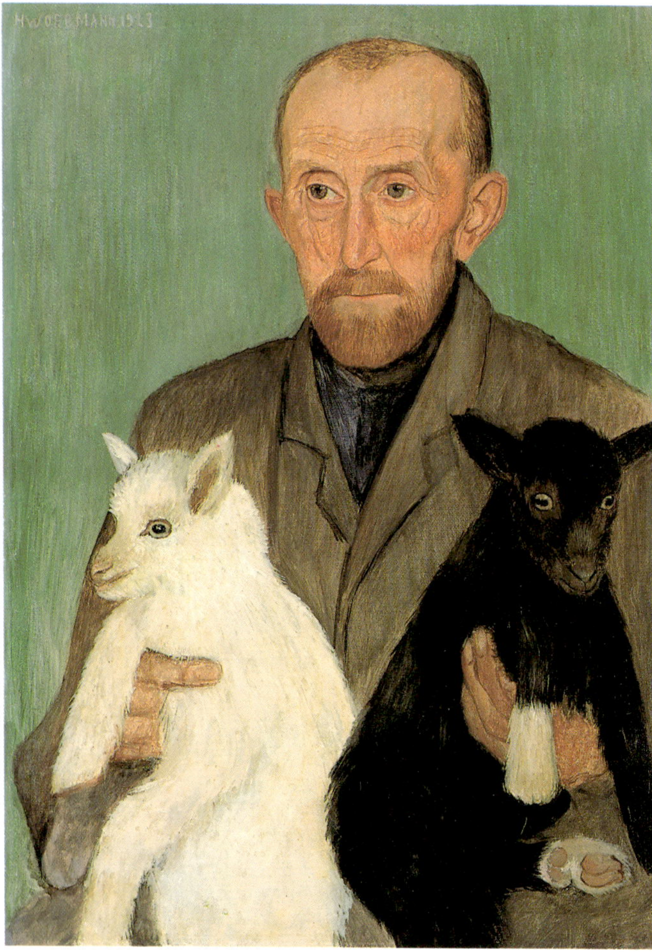

Hedwig Woermann, Wustrower Hirte, 1923, Öl/Pappe

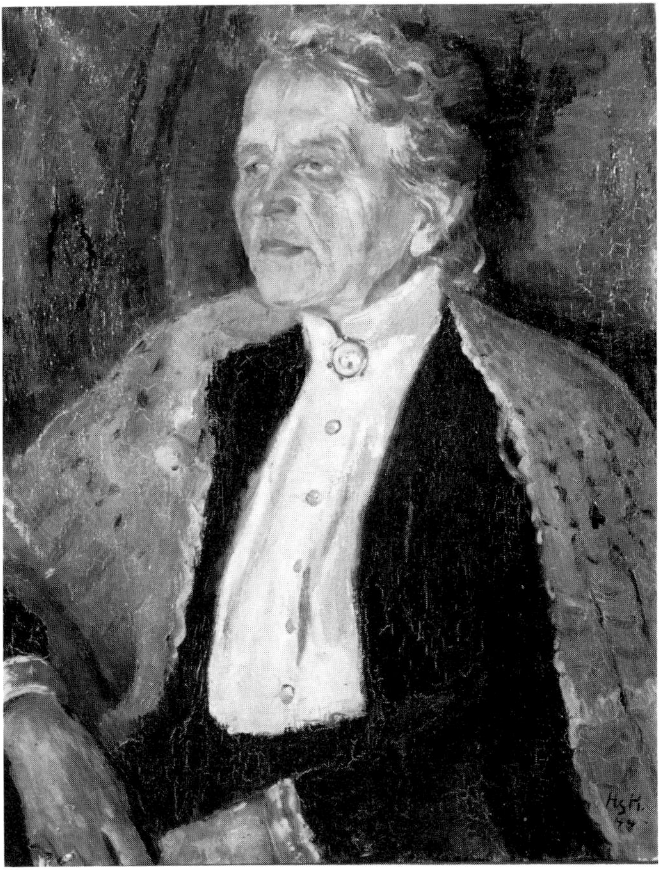

Hedwig Holtz-Sommer, Porträt Geheimrätin Miethe, o. J., Öl/Leinwand

übernahm sie, Hedwig Woermann arbeitete in einer strengeren Art, mehr zur neuen Sachlichkeit tendierend. Es war auch nicht die Landschaft, die sie zum künstlerischen Schaffen reizte, ihre Leidenschaft galt vor allem dem Menschen. Das Bildnis „Wustrower Hirte“ ist ein Beweis ihrer feinfühligen Porträtkunst. Ist es übertrieben, in diesem Menschenantlitz die herbe Natur des Fischlands zu spüren?

Auch ein Stück Exotik hatte die Woermann von ihren Reisen mit in das kühle Wustrow gebracht. Die Wände ihres Hauses waren angefüllt mit Bildnissen und Plastiken von Bewohnern der bereisten Erdteile, teilweise mit Stofffarben auf feines Gewebe gemalt. Sie hatte sich auf ihren Reisen auch die ostasiatische Technik des Rollbildes zu eigen gemacht, die sie 1928 in Berlin vorstellte. Im gleichen Jahr wurde ihr in der Großen Berliner Kunstausstellung ein ganzer Saal eingeräumt.

Johann Jaenichen war bekannt durch seine Reiter- und Pferdeskulpturen, die er vorwiegend für Rennklubs schuf. Eine alte Räucherei in Barnstorf bei Wustrow diente ihm als Atelier. Dort hatten sich Adoptivtochter und Schwiegersohn des Künstlerpaares Jaenichen-Woermann niedergelassen. Es war der Schriftsteller Heinrich Hauser (1901–1955), der hier seinen Roman „Brackwasser“, für den er 1929 den Gerhart Hauptmann-Preis erhielt, verfaßte.

Ein weiteres „Malweib“ hielt 1934 in Wustrow Einzug, Hedwig Sommer (1901–1970). Durch die Heirat mit dem schon seit 1924 in Wustrow wirkenden Maler Erich Theodor Holtz hatte Wustrow nun ein zweites Künstlerehepaar, wohnhaft in einer Kate nahe der Wustrower Kirche, das sie ihr „Runenhaus“ nannten, nach alten, mit Runen verzierten Steinen, die man beim Bau vermauert hatte.

Hedwig Holtz-Sommer war eine begabte Malerin und Graphikerin. Ursprünglich Schneiderin, hatte sie an der Hochschule für Bildende Kunst in Weimar studiert. Immer wieder versuchte sie sich in verschiedenen Techniken und

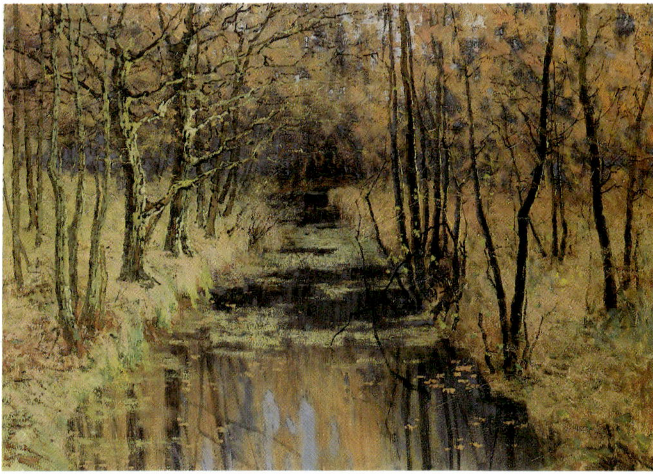

Elisabeth von Eicken, Im Ahrenshooper Wäldchen, o. J., Mischtechnik/Pappe

war auf der Suche nach für sie neuen Sujets.

In den Werken der frühen Jahre in Wustrow malte Hedwig Holtz-Sommer vorwiegend in Öl. Hauptgegenstand ihrer Darstellung war der Mensch. Viele Porträts entstanden, die in Ausstellungen auch außerhalb Mecklenburgs gezeigt wurden.

Für ihre Landschaften, Stilleben und leuchtenden Blumenbilder bevorzugte Hedwig Holtz-Sommer die Aquarelltechnik, die sie im Laufe der Jahre meisterhaft beherrschte. Immer wieder war es die Landschaft des Fischlandes, die sie zum Schaffen anregte, besonders im Frühling und im Herbst, wenn die Farben und Lichtverhältnisse besonders dem Charakter der Landschaft entsprachen. Bemerkenswert auch ihre interessanten und überzeugenden Illustrationen zu Werken von Gogol, Gorki, Brecht und Arnold Zweig.

Das Hauptmotiv im Schaffen von Ehemann Erich Theo-

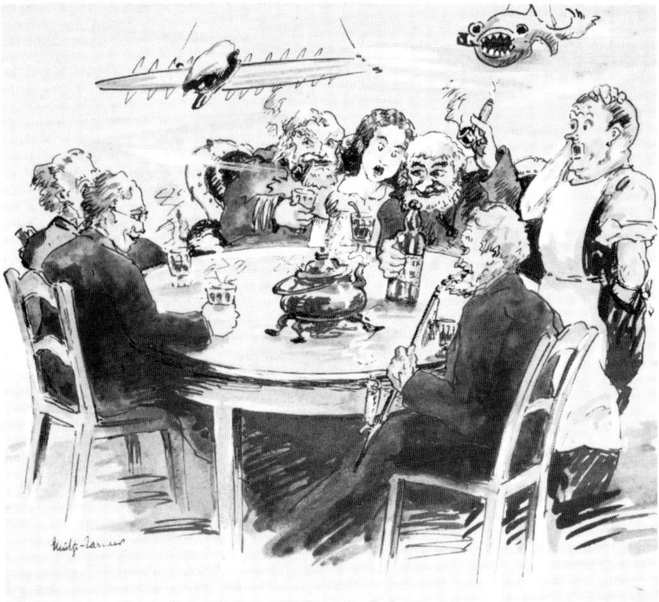

Theodor Schultze-Jasmers: Stammtischrunde in Prerow

dor Holtz (1856–1956) war die Landschaft, seit der Übersiedlung nach Wustrow besonders die Boddenlandschaft, die sich ihm täglich darbot. Eine Liebe, die ein Schaffensleben andauerte, die ihm immer wieder neue Reize bot.

Zweiunddreißigjährig war der gebürtige Storkower, der ein Kunststudium in Dresden und Berlin absolviert hatte, an die Küste gekommen. Von 1917 bis 1924 lebte er auf dem Darß in Prerow, wenige Kilometer von Ahrenshoop entfernt. Hier arbeitete er mit dem Maler und Graphiker Schultze-Jasmer (1888–1975) zusammen, bevor er in das Boddendorf Wustrow übersiedelte.

Betrachtet man die kleine „Stammtisch-Studie" Schultze-Jasmers, so scheint es ein recht amüsantes Leben in Prerow gewesen zu sein.

1922 kaufte sich ein weiteres Künstlerehepaar ein Haus in Althagen[5], wo die Bodenpreise weit unter denen in Ahrenshoop lagen; der Maler und Graphiker Fritz Koch-Gotha (1877–1956) und seine Frau, die Malerin Dora Koch-Stetter (1881–1968). Dora Koch-Stetter, in Bayreuth geboren, war eine bemerkenswerte Malerin mit einer sicheren, kraftvollen Bildsprache. Heute verwundert es, daß diese großartige Künstlerin im Schatten ihres populären Mannes stehen mußte. Nach dem Zeichenlehrerinnenexamen im Jahre 1900 drängte es Dora Stetter mehr über die Malerei zu erfahren, sie wollte Malerin werden. So wurde sie u. a. Schülerin von Lovis Corinth. 1910 begegnete sie dem Maler Arthur Segal, der sie an expressionistische Gestaltungstendenzen heranführte. In dieser fruchtbaren Schaffensperiode entstanden Bilder wie „Am Strand von Knoke“, großzügig und sicher angelegt, von einer starken Farbkraft und heiterer, unbeschwerter Stimmung.

1911 weilte Dora Stetter zum ersten Mal in Ahrenshoop, in jenem Jahr entstand das Gemälde „Rotes Haus“. Es läßt eine andere Sicht als die der Freilichtmaler erkennen, die aber doch dem Charakter der Landschaft nicht weniger gerecht wird.

1917 heiratete Dora Stetter den Graphiker und Illustrator Koch-Gotha und verbrachte seit 1922 einen Großteil des Jahres mit ihrer Tochter in Althagen. Familiäre Verpflichtungen beeinflußten ihr künstlerisches Schaffen und ließen es zu kurz kommen.

Auch Dora Koch-Stetter war fasziniert von der Landschaft des Fischlandes. Aber im Gegensatz zu den meisten Malern der Region, liebte sie es, im grellen Sonnenlicht zu malen und schuf Überzeugendes.

Die Porträts der Malerin zeigen ihre starke Schöpferkraft, sie beeindrucken durch ihre Unmittelbarkeit, sind voll innerer Kraft und überzeugender Schlichtheit. Dora Koch-Stetter überlebte ihren Mann um zwölf Jahre. In

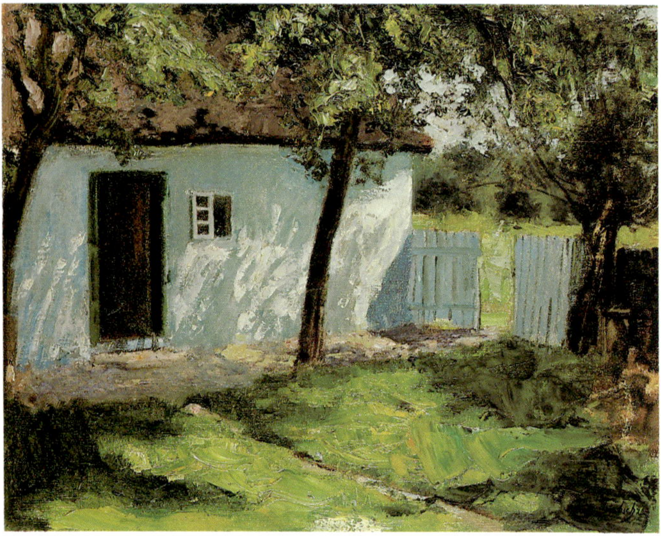

Franz Triebsch, Am Katen, 1920, Öl/Leinwand

ihren letzten Jahren gelähmt, starb sie 1968.

Fritz Koch-Gotha, der gebürtige Thüringer, wurde, wie der Name bereits sagt, 1877 in der Nähe der Stadt Gotha geboren. Nach Abschluß der Kunstakademie Leipzig arbeitete er zunächst als Zeichner bei Berliner Verlagen. Es bedurfte nur kurzer Zeit, und Koch-Gotha gehörte zu den bekanntesten Pressezeichnern von Berlin. Durch seine humorvollen Zeichnungen und Buchillustrationen errang er besonders in den zwanziger Jahren große Popularität im ganzen Land. 1933 stellte er seine Pressearbeit ein und widmete sich vorrangig der Buchillustration. So vielgeliebte Kinderbücher wie „Häschenschule“ und „Sabine, das Hühnchen“ versah er mit heiteren Bildern. 40 Jahre lang arbeitete Koch-Gotha in Berlin. Als während des Zweiten Weltkrieges seine Wohnung ausgebombt wurde, siedelte er in sein Sommerhaus nach Althagen über und lebte hier bis

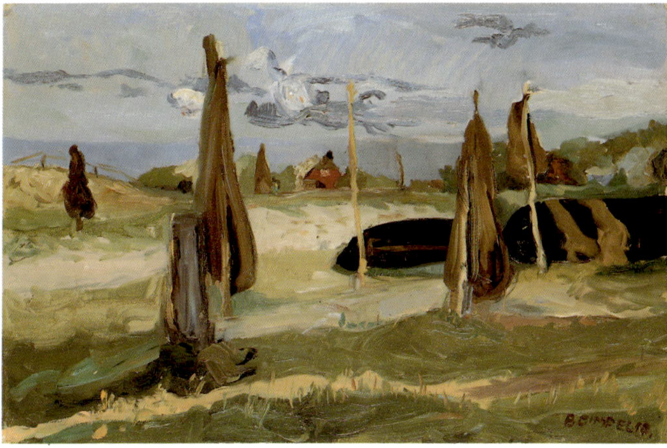

Bruno Gimpel, In den Dünen, o. J., Öl/Pappe

zu seinem Tode. Wie sehr er sich mit dem Fischland verbunden fühlte, beweisen nicht nur viele Buchillustrationen, darunter Käthe Miethes Fischlandbücher, sondern vor allem seine sensiblen, relativ unbekannten Landschaftszeichnungen und Aquarelle, die hier zwischen Meer und Bodden entstanden. Es berührt, zu sehen, mit welcher Feinfühligkeit und Ehrfurcht er sich mit dem Stift „seiner" Landschaft näherte, er, der Pressezeichner, bekannt als ein Mann des schnellen und scharfen Strichs.

Käthe Miethe offenbart in ihrem Heimatbuch „Das Fischland"[2] ein Stück „Koch-Gotha-Arbeitswelt" recht hautnah: „... Doch wenn wir spät in der Nacht am Bodden entlang aus Niehagen oder Wustrow kommen und über den Deich balancieren, während zu beiden Seiten auf den Boddenwiesen die Nebel aufsteigen und die Welt verhüllen wollen, weist uns ein Licht aus zwei nach Süden gewandten Fenstern treulich den Weg. Dann wissen wir, daß hinter diesen Fenstern noch immer Fritz Koch-Gotha gebückt über seinen Arbeitstisch sitzt, der eigentlich nur ein

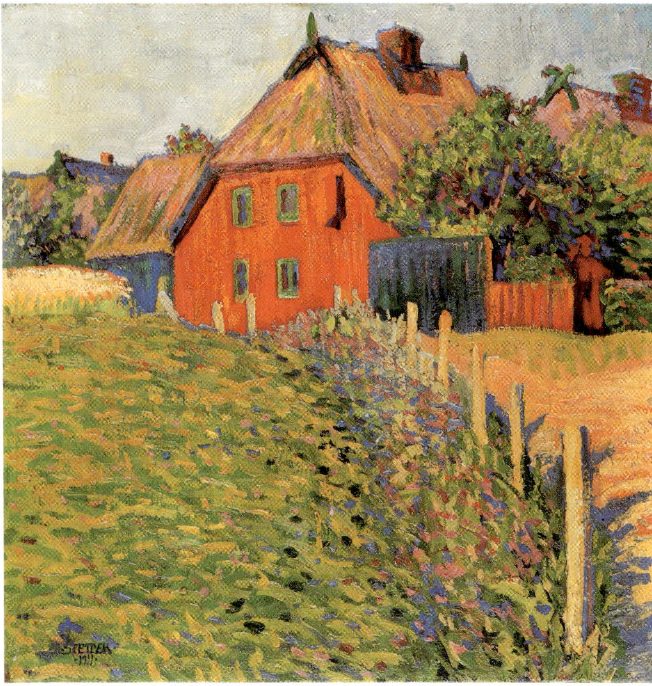

Dora Koch-Stetter, Das rote Haus in Althagen, 1911, Öl/Leinwand

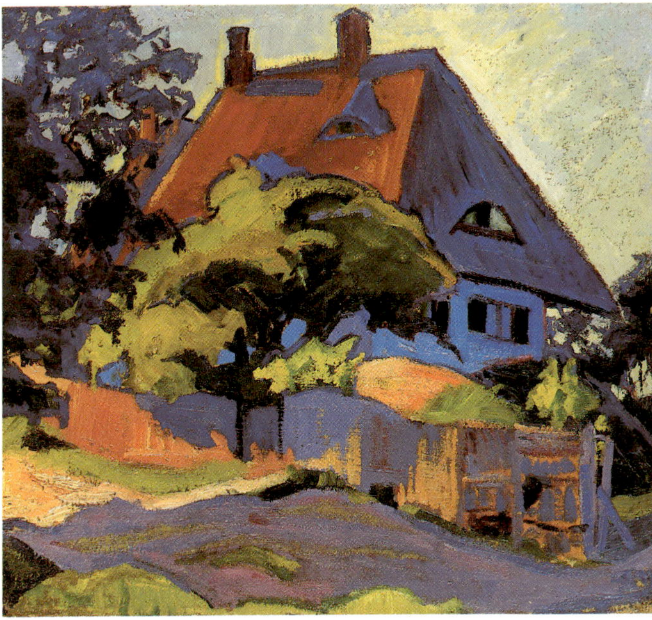

Dora Koch-Stetter, Haus Droß in Ahrenshoop, um 1924/25, Öl/Leinwand

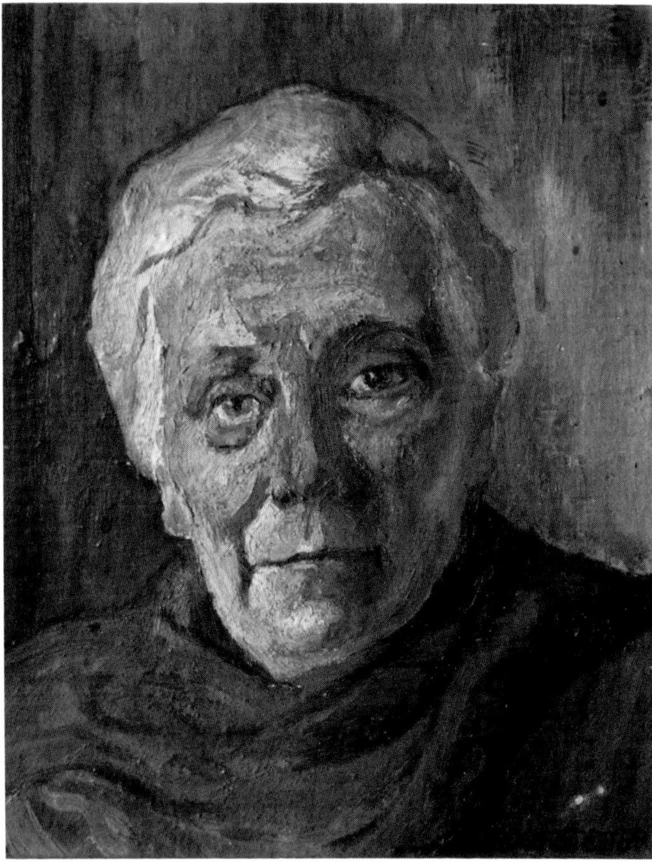

Dora Koch-Stetter, Selbstbildnis, 1956, Öl

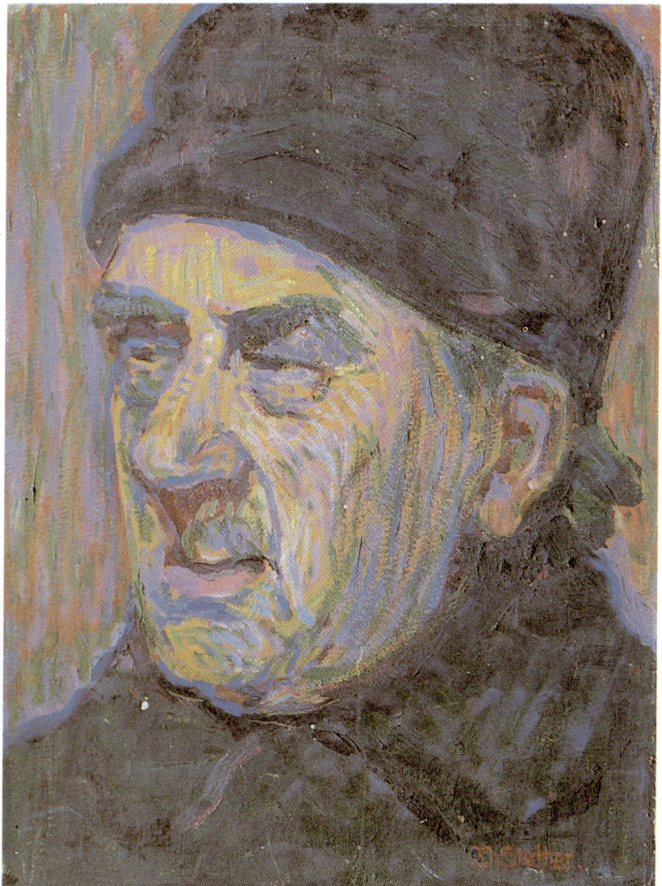

Dora Koch-Stetter, Porträt eines Mannes mit Hut, 1912, Öl/Pappe

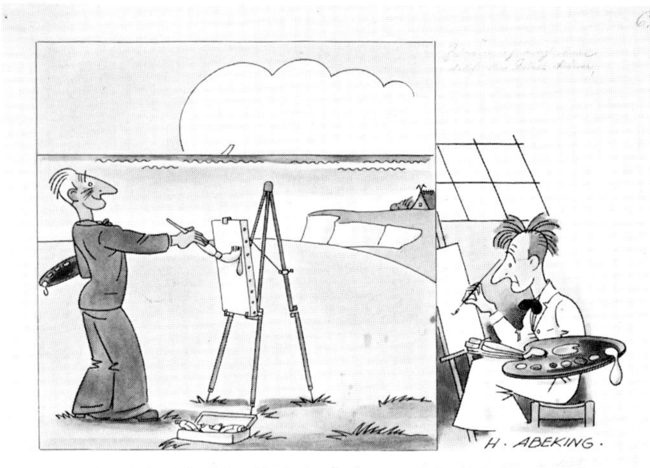

Hermann Abeking, Karikatur
Der Illustrator nimmt sich hier die Freiluftmaler vor, die es so viel besser haben als er, der im Atelier arbeiten muß.

gewöhnlicher Schreibtisch ist, doch über und über mit den Gerätschaften des Zeichners bedeckt, mit Tuschefläschchen und Pinseln, Stiften, Zeichenbrett und viel, viel Papier, und hoffen, daß er an einem der Blätter arbeitet, auf denen er, wie kein anderer je, das Wesen des Fischlandes und seiner Menschen sichtbar macht. Denn er ist selbst ein Stück vom Fischland geworden, das wir uns ebenso wenig fortdenken können, wie die hohen prachtvollen Bäume an seiner Ecke ..."

Koch-Gotha war nicht der einzige von der Gilde des „frechen Stiftes". Der gebürtige Berliner Hermann Abeking (1882–1939), Graphiker und Karikaturist, gehörte ebenfalls zu den in Althagen ansässigen Künstlern. Er zeichnete wie auch Koch-Gotha für die „Berliner Illustrirte Zeitung" und arbeitete für den Ullstein-Verlag. Schon im Jahre 1904 erwarb er ein Haus in Althagen, die Bütnerei 14. Hier lebte

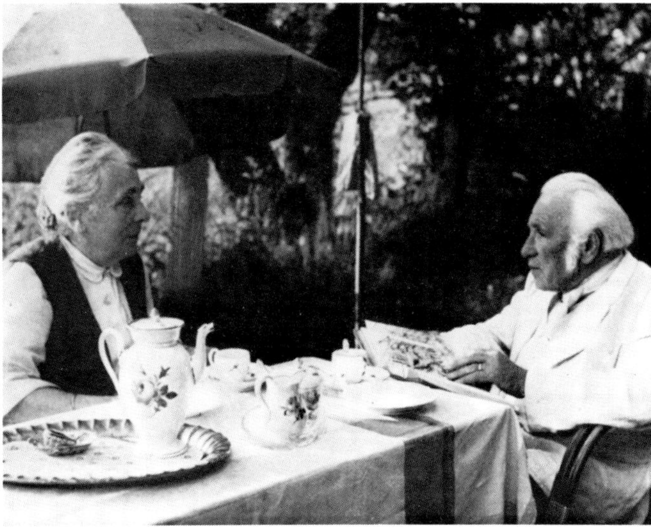

Das Ehepaar Dora Koch-Stetter und Fritz Koch-Gotha in ihrem Garten.

bald eine kunstbesessene Familie. Seine Frau Elly (1876–1945) war Porträt-, Landschafts- und Interieurmalerin, sie lebte noch bis 1945 in Althagen. Die Kinder der Abekings, Ortrud (1904–1977) und Thomas (geb. 1909), traten in die Fußstapfen der Eltern und nahmen in Berlin ein Kunststudium auf. Tochter Ortrud hatte sich zunächst als Schauspielerin versucht. Man hört förmlich die Stoßseufzer Hermann Abekings beim Betrachten seiner Selbstdarstellung – er, der geplagte Illustrator muß im Atelier sein Geld verdienen, während die ach so beneidenswerten Freilichtmaler die herrliche Natur genießen dürfen ...

Direkt an der Ahrenshooper Düne ließ 1925 der Landschaftsmaler und Graphiker Alfred Partikel (1888–1945) ein stattliches Haus bauen. 1888 in Goldap (Ostpreußen) geboren, studierte er an der Königsberger Kunstakademie bei Dettmann, weitere Stationen waren München, Weimar und Berlin. Bereits um 1920/21 war er auf das Fischland

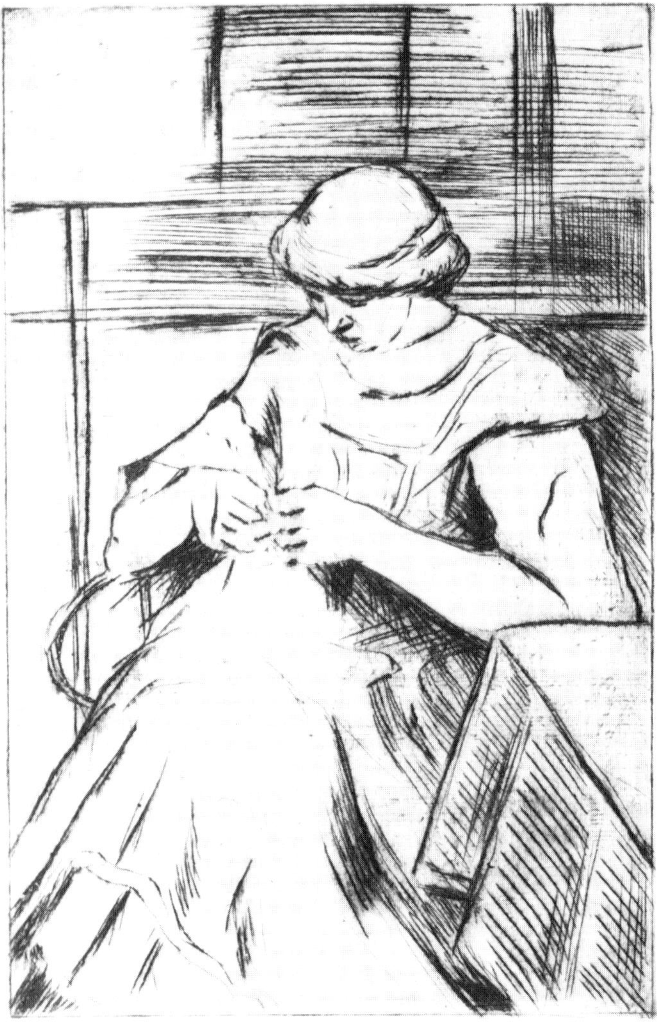

Alfred Partikel, Junge Frau bei der Handarbeit, Radierung

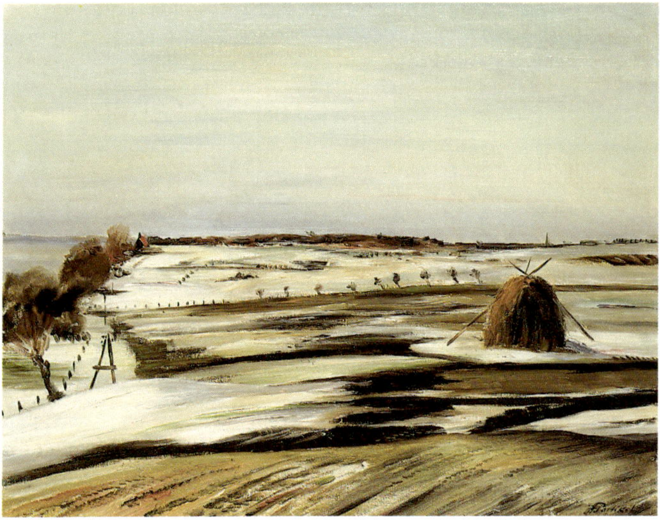

Alfred Partikel, Tauschnee, o. J., Öl/Leinwand

gekommen, vielleicht durch seinen Lehrer Dettmann, der schon vor 1900 zeitweilig in Ahrenshoop wirkte. Auch familiäre Bindungen sollen bei der Ortswahl eine Rolle gespielt haben. 1929 übernahm Partikel eine Professur an der Staatlichen Kunstakademie Königsberg. Für die Familie blieb Ahrenshoop die Heimat, und auch der Professor kehrte immer wieder dorthin zurück, soweit es sein Lehramt zuließ.

Viele beachtliche Werke sind hier auf dem Fischland entstanden, u. a. das Gemälde „Tauschnee". Ein Meisterstück, das die Weite und schlichte Erhabenheit dieses Landstrichs, die unvergleichliche Atmosphäre in den Übergangszeiten des Jahres widerspiegelt. Vor allem die Stimmung im Frühling und Herbst ist es, die den Maler reizt, die er wieder und wieder mit der Farbe gestaltet. Mit Alfred Partikel hatte Ahrenshoop einen bedeutenden Künstler gewonnnen.

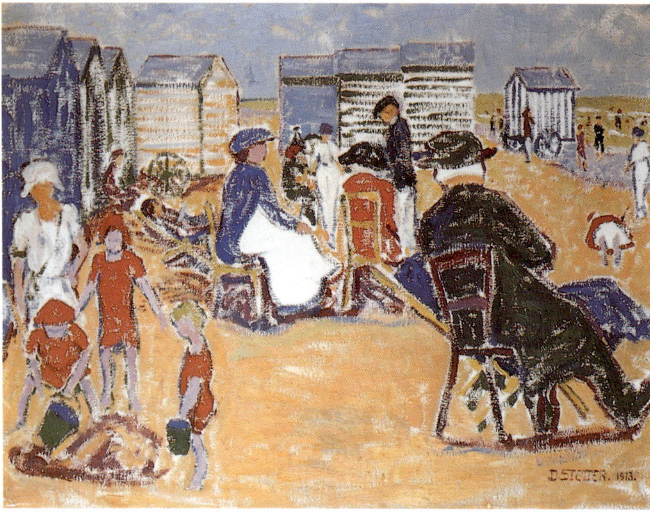

Dora Koch-Stetter, Am Strand von Knokke, 1913, Öl/Leinwand

Der Berliner Bildhauer Gerhard Marcks charakterisierte seinen Feund mit folgenden Worten: „Die Liebe zur Natur war groß und ursprünglich bei diesem einfach-ländlichen Menschen, der noch so viel vom Typ des Fischers, Jägers und Bauern – als Kraft wie auch als Gefahr – an sich hatte, und der in der Großstadt wie eine Dissonanz wirkte ... und eine beschämend zarte Seele saß, ähnlich wie bei Leibl, in seinem bärenhaften Körper, seine Pranke führte einen geradezu zierlichen Pinsel ...“[3] 1945 verlor sich seine Spur im Wald von Niehagen. Er kehrte vom Pilzesammeln nicht zurück und ist für immer verschollen. Vor seinem Haus in der Ahrenshooper Dorfstraße blieb ein gewaltiger Findling, der die Aufschrift trägt: „Dem Maler Alfred Partikel“. Gerhard Marcks hatte diesen Gedenkstein dem Freunde gewidmet.

Alfred Partikel war es wahrscheinlich, der Gerhard

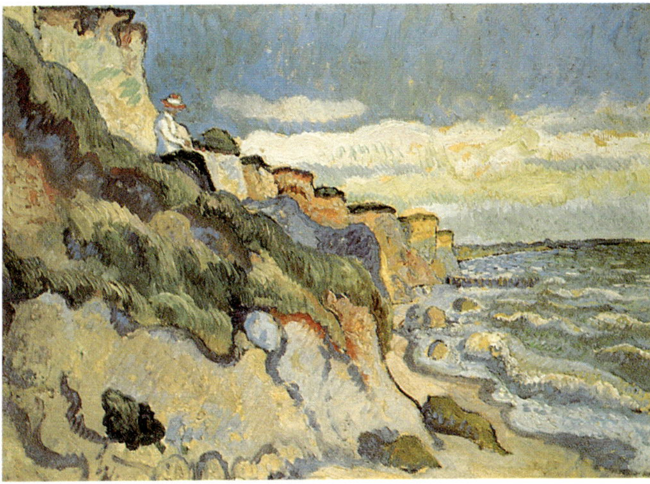

Cesar Klein, Am Hohen Ufer, Ahrenshoop II, 1909
Eine Ausbildung erhielt Cesar Klein an der Kunstgewerbeschule in Hamburg, Berlin und Düsseldorf. 1909 besuchte er Ahrenshoop, was mehrere Bilder belegen.

Marcks auf das Fischland gezogen hatte. Mitte der zwanziger Jahre weilte der Bildhauer bereits mehrmals in der Gegend um Ahrenshoop, veranlaßt, so wird vermutet, durch Besuche im Hause Partikel. Als sich um 1930 der schon damals nicht unbekannte Bildhauer und Graphiker, einstige Bauhausmeister und zu jener Zeit kommissarischer Direktor der Kunstgewerbeschule Burg-Giebichenstein, nach einem Domizil für Ferienzeiten, einem Ort der Muße umsah, fiel seine Wahl auf eine Kate in Niehagen, am Ende eines Boddenweges mit freiem Blick auf das Wasser. Ob nun die freundschaftlichen Bande oder der Ruf der ehemaligen Künstlerkolonie eine Rolle gespielt haben, – fest steht, daß das Flair des Fischlandes – „eine für das Leben selbst symbolische Landschaft voller Spannung und Gegensatz“[4] – auch diesen großen Meister in seinen Bann zog. Viele seiner Gedichte, seiner Landschaftsstudien, die er zwischen

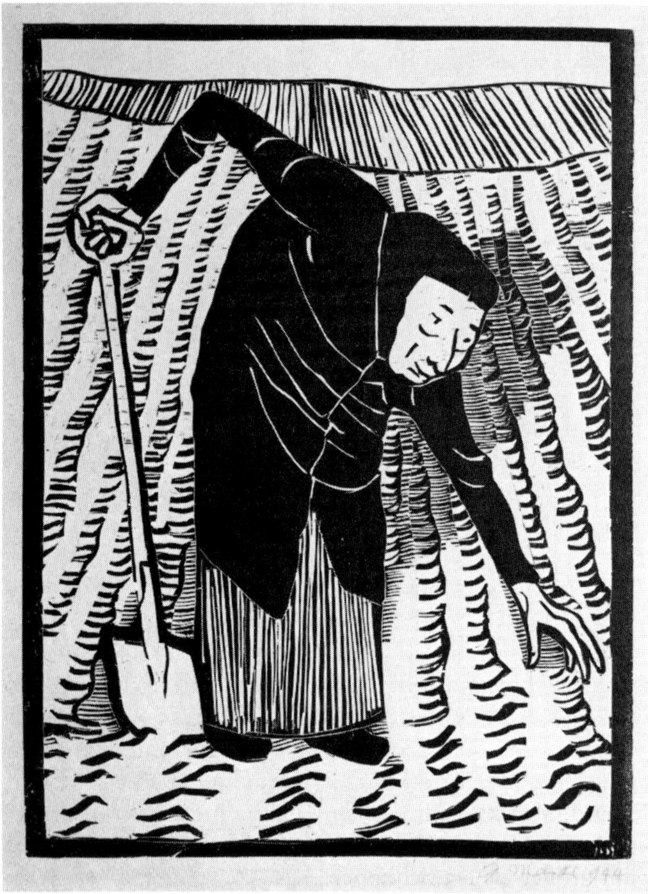

Gerhard Marcks, Alte mit Spaten, 1944

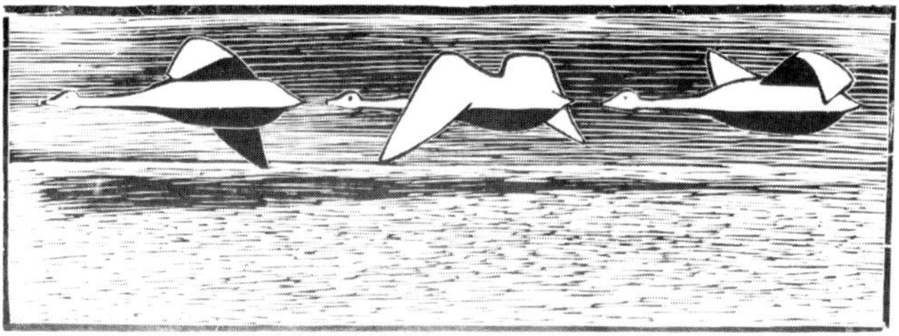

Gerhard Marcks, Ziehende Schwäne II, 1944

1930 und 1946 schuf, sind Beweis seiner Bewunderung für diesen Landstrich zwischen Meer und Bodden. Rauh wie die Gegend hielten die folgenden Jahre viele Härten für Gerhard Marcks bereit. Als er sich im Frühjahr 1933 mutig gegen die Entlassung einer Kollegin jüdischer Abstammung einsetzte, begannen die Mühlen der braunen Diktatur zu mahlen, Entlassung aus dem Lehramt, eine Hetzkampagne gegen den namhaften Künstler. Marcks zog sich zunächst nach Niehagen zurück, das Sommerhaus wurde Heimstatt. 1937 wurde sein Atelier in Berlin fertiggestellt, und er ging in die Metropole zurück. Doch dort erwartete ihn das Ausstellungsverbot. Noch härter wurde das Kriegsjahr 1943 für den Künstler; Tod des Sohnes Herbert, gefallen bei Wolchow. Berliner Wohnung und Atelier und ein Teil seiner Werke fielen am 22. November den Bomben zum Opfer. Gerhard Marcks kehrte nach Niehagen zurück. Die nun beengten Atelierverhältnisse auf dem Fischland, ein Anbau, kaum größer als ein Schuppen, beschränkten das bildhauerische Schaffen auf die kleine Form. Die Landschaft und die Menschen waren es, die gerade in jenen Jahren der Zurückgezogenheit zum Zeichnen und zum Holzschneiden anregten. 1944 wurde das „Jahr der Holzschnitte“ für ihn. Ausdrucksstarke, in sich ruhende Blätter entstanden, auch zeitbezogene Gleichnisse wie „Saturn“, „Brudermord“, aber auch Blätter voller Leben wie „Ziehende Schwäne“.

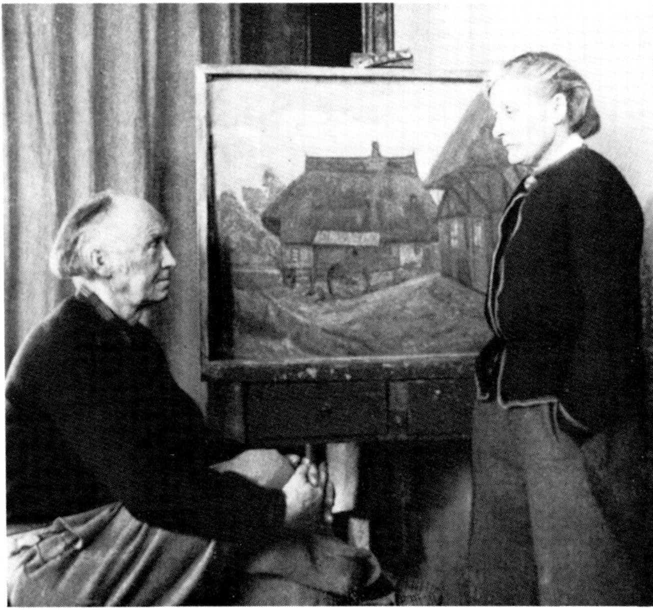

Das Künstlerehepaar Erich Theodor Holtz-Sommer und Hedwig Holtz-Sommer in ihrem „Runenhaus“ in Wustrow, das in der Nähe der Kirche steht. „Runenhaus“ haben sie ihr Heim genannt, weil in diesem Haus Steine mit alten Runen verwandt worden sind.

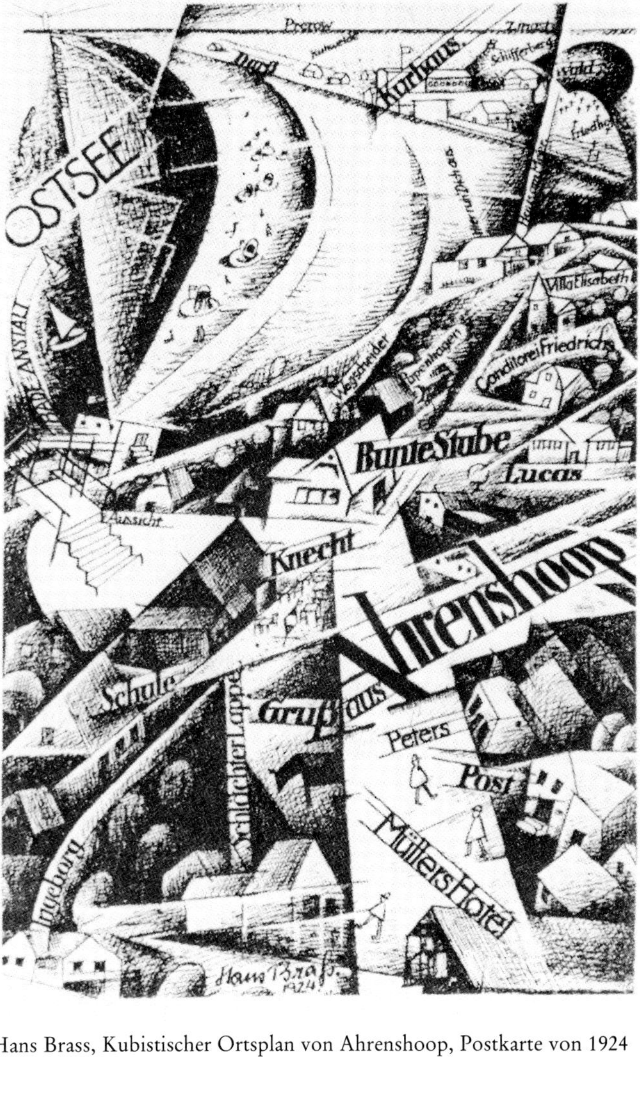

Hans Brass, Kubistischer Ortsplan von Ahrenshoop, Postkarte von 1924

Begeistert für die Technik des Holzschnittes hatte sich Marcks schon während seiner Zeit am Bauhaus, angeregt durch das Schaffen des dort wirkenden Lyonel Feininger. In der Niehagener Zeit begann die Bekanntschaft mit Barlach. Über einen umfangreichen Briefwechsel kam es noch kurz vor Barlachs Tod zu einem persönlichen Kontakt der beiden Bildhauer.

Marcks findet für seine Verbundenheit mit Barlach einfache Worte: „Er war Norddeutscher, Ebenenmensch, ich bin norddeutscher Ebenenmensch".

Bevor Gerhard Marcks 1946 Niehagen verließ, um dem Ruf nach Hamburg an die Landeskunstschule zu folgen, schuf er die Bildnisbüste – „Fritz Koch-Gotha. Ein ausdrucksstarkes Porträt seines Freundes Partikel stammt aus dem Jahre 1931. Und ein faszinierender Totempfahl auf dem Anwesen in Niehagen aus dem Jahre 1931 trägt, wenn auch stark stilisiert, Züge des alten Kapitäns Bradhering, eines echten Fischländers und Freundes des Künstlers.

Es hat fast den Anschein, als hätten im Laufe der Jahrzehnte nur Berliner und Künstler aus den südlichen Landesteilen auf das Fischland gefunden. Der Schein trügt, es waren auch Mecklenburger, die es Jahr für Jahr in diese Landschaft zog, ohne indessen dort ansässig zu werden. Eine besondere Rolle spielte der Ribnitzer, also der Boddenlandschaft entstammende Korl Meyer (1902–1945). Unbefriedigt von seinem erlernten Kellnerberuf, fühlte er sich zu den Künsten hingezogen und entschied sich für die Malerei, nachdem er zuvor mit dem Beruf des Tänzers geliebäugelt hatte. Er studierte in München und Dresden und malte später viel auf dem heimatlichen Fischland, zeitweilig soll er in Althagen einen Verkaufsstand für seine Bilder unterhalten haben. Frei von aller Kleinlichkeit, traf Korl Meyer in seiner pastosen Malweise mit „Boddenlandschaft" die bezwingende Weite dieses Landstrichs, läßt uns nacherleben, wo der Himmel die Erde umfängt ... Allzu-

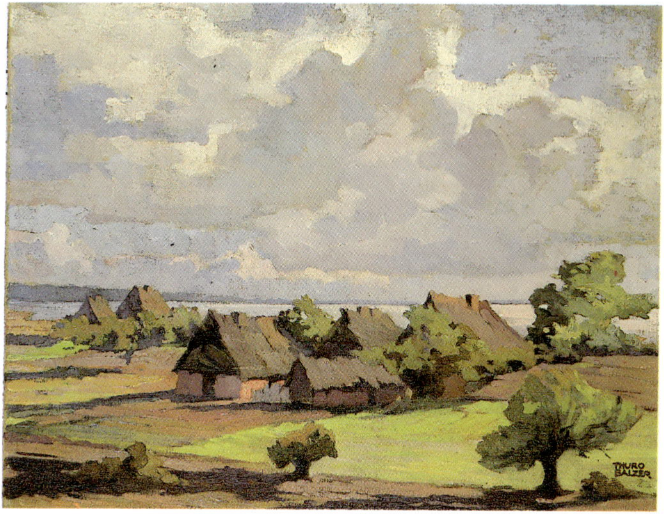

Thuro Balzer, Dorflandschaft an der Küste, 1920, Öl auf Pappe

früh, erst dreiundvierzigjährig, starb der Künstler in seiner Heimatstadt Ribnitz.

Ein weiterer mecklenburgischer Künstler, der jahrzehntelang gefangen war von der Landschaft zwischen Meer und Bodden und sie in unzähligen Gemälden und Graphiken überlieferte, war Thuro Balzer (1882–1967). Nach seinem Studium an der Breslauer Akademie lehrte er seit 1908 in Rostock als Kunsterzieher und nutzte seitdem die Sommermonate, um auf dem Fischland zu malen. Einige Jahre lebte er ganz in Wustrow.

Der gebürtige Rostocker Hans Emil Oberländer (1885–1945) war, wie auch Thuro Balzer, Student an der Breslauer Akademie. Doch künstlerische Parallelen lassen sich kaum finden. Was beide verband, war die Liebe zur mecklenburgischen Landschaft. Oberländers Arbeiten fallen auf durch seine eigenwillige künstlerische Handschrift: kräftige Farben, teilweise expressive Formen und Fabulierfreude.

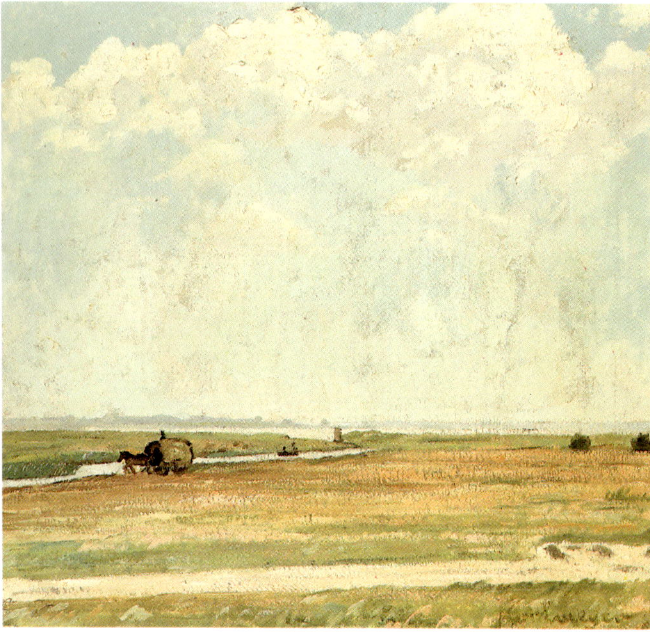

Korl Meyer, Boddenlandschaft, o. J., Öl/Leinwand

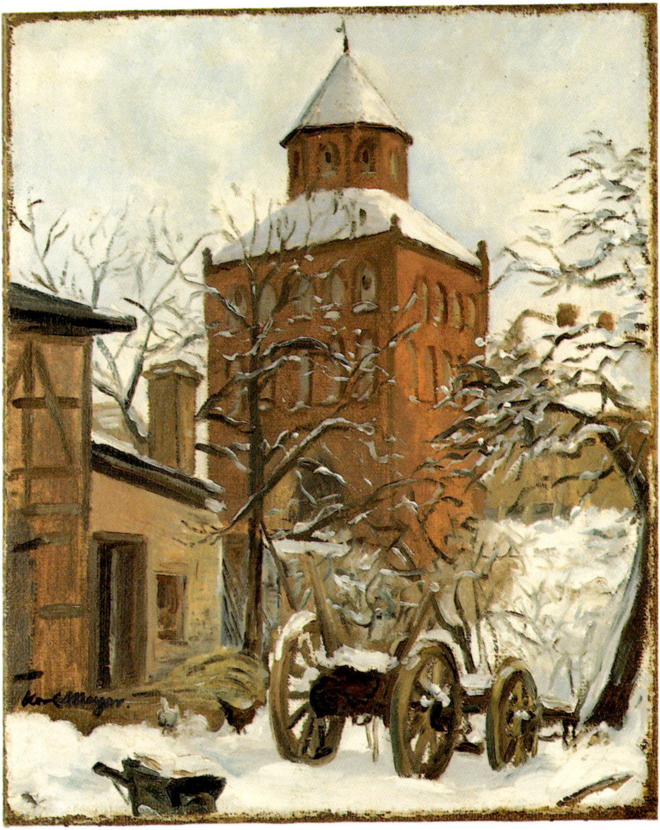

Korl Meyer, Rostocker Tor in Ribnitz, o. J., Öl/Leinwand

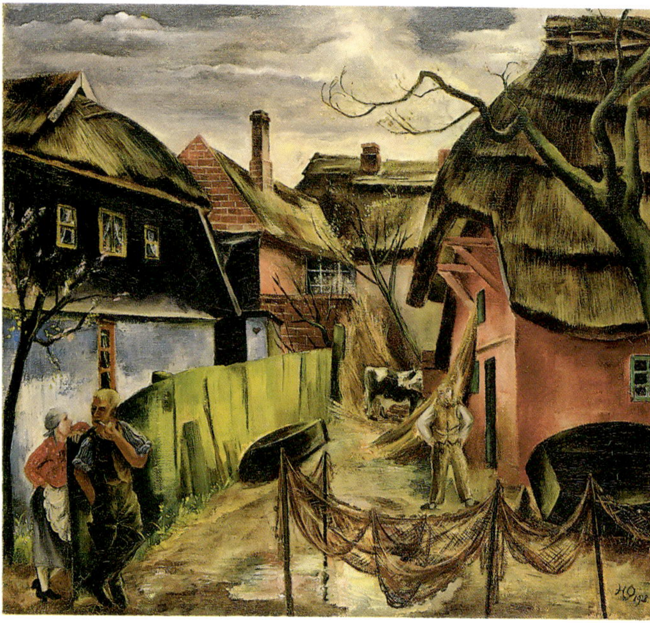

Hans Emil Oberländer, Fischerdorf, 1928 Öl/Leinwand

In dem Ahrenshooper Schaffenskreis hat die figürliche Malerei eine verhältnismäßig geringe Rolle gespielt, Oberländers Thema dagegen war der Mensch in der Landschaft. Eine bewegte und belebte, eine neue Fischlandwelt zeigte er dem Betrachter. Zeesenboote im Althäger Hafen, schlittschuhlaufende Kinder, Schweineschlachten in Ahrenshoop sind nur einige Motive des Malers. Daneben entstanden eine Reihe von Porträts „echter“ Fischländer. 1945, kurz vor Ende des Zweiten Weltkrieges starb Hans Emil Oberländer in einem Lazarett. Auch Bruno Gimpel (1886–1943), Sohn eines vermögenden Rostocker Kaufmannes, gehörte zum Bunde der Rostocker Maler, denen das Fischland unentbehrlich war. So wie Zeit und Umstände es erlaubten, verbrachte er die Sommermonate in Althagen. Nach dem

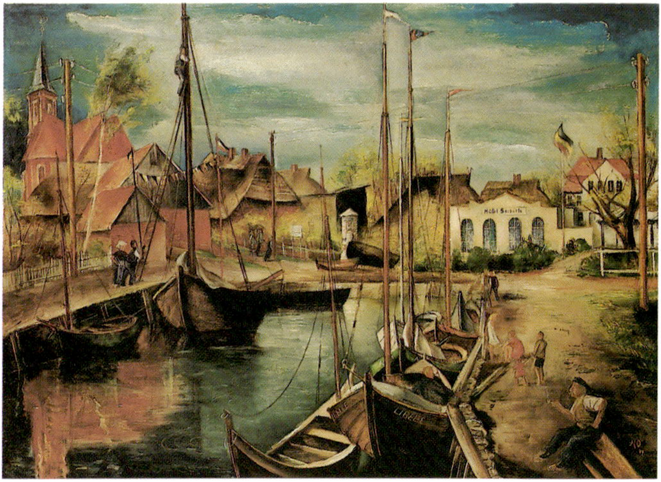

Hans Emil Oberländer, Ostseehafen Wustrow, 1929, Öl/Leinwand

Erlernen des Malerhandwerks hatte Gimpel an den Kunstakademien Düsseldorf, München und Dresden studiert. Als er durch die Inflation sein Vermögen verloren hatte, wandte er sich der Gebrauchsgraphik zu und schuf hier Bemerkenswertes, u.a. waren die Krematoriumsfenster in Rostock sein Werk. Ein Kunstwissenschaftler charakterisierte 1929 den Künstler mit folgenden Worten: „Bruno Gimpel ist ein Norddeutscher und verleugnet seine Abkunft nicht. Er nimmt das Leben gewiß nicht leicht, vielleicht sogar zu ernst ... Wer dauernd unter dem wolkenlosen Himmel von Florenz lebt, muß ein anderer sein als der, der tagein, tagaus schwere breite Wolkenfronten über die See hinziehen sieht. Wer sie sieht, muß fester stehen. Er darf sich nicht vom Wind, vom Sturm umwerfen lassen. Und viele Worte macht er auch nicht. Der Wind nimmt sie ihm vom Munde weg." Dennoch, seine Aquarelle strahlen Wärme aus, und seine kleine Landschaft „In den Dünen" hat durch den großzügigen Malduktus fast etwas unbeschwert Heiteres. Der „Sturm“ war für Gimpel letztendlich doch zu stark, sein Leben endete tragisch. Er war jüdischer Abstammung und sah unter der faschistischen Gewalt keinen anderen Ausweg als den Freitod; das war im Jahre 1943.

Viele weitere bekannte und namenlose Maler und Graphiker arbeiteten zwischen den beiden Weltkriegen auf dem Fischland. Mehrfach Gast der reizvollen Landschaft waren die einen, für die anderen blieb der Aufenthalt nur eine Episode. Stellvertretend sollen hier nur einige genannt werden. Da waren die beiden gebürtigen Rostocker Rudolf Schmidt-Dethloff, der zeitweilig in Ahrenshoop Malunterricht erteilte und Erich Venzmer, ein Vertreter der Neuen Sachlichkeit, Erich Fritsch, Mitglied der Berliner Sezession, Werner Gilles, der als ehemaliger Bauhausschüler auch mit Gerhard Marcks befreundet war. Des weiteren wären zu nennen, der Berliner Walter Gramatté, ein von Erich Hekkel geförderter Autodidakt, er weilte als Gast des Kunstförderers Professors Sudeck in Ahrenshoop, oder Elena Liessner-Blomberg, die Zeichenunterricht bei dem Repin-Schüler Ernst Liessner erhalten hatte und viele Sommer in Althagen verbrachte, hier vor allem reizvolle Interieurs malte.

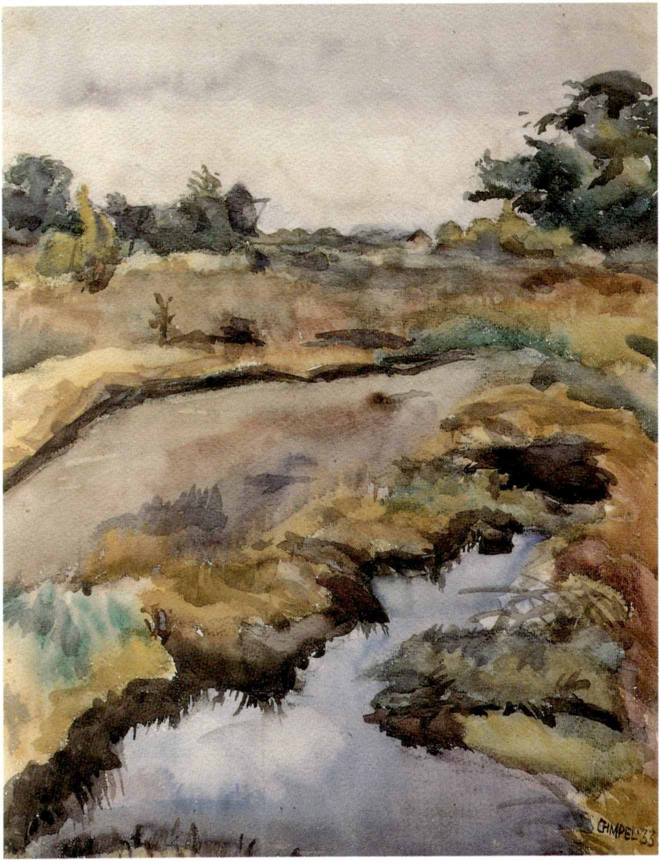

Bruno Gimpel, Torfstich auf dem Darß, 1933

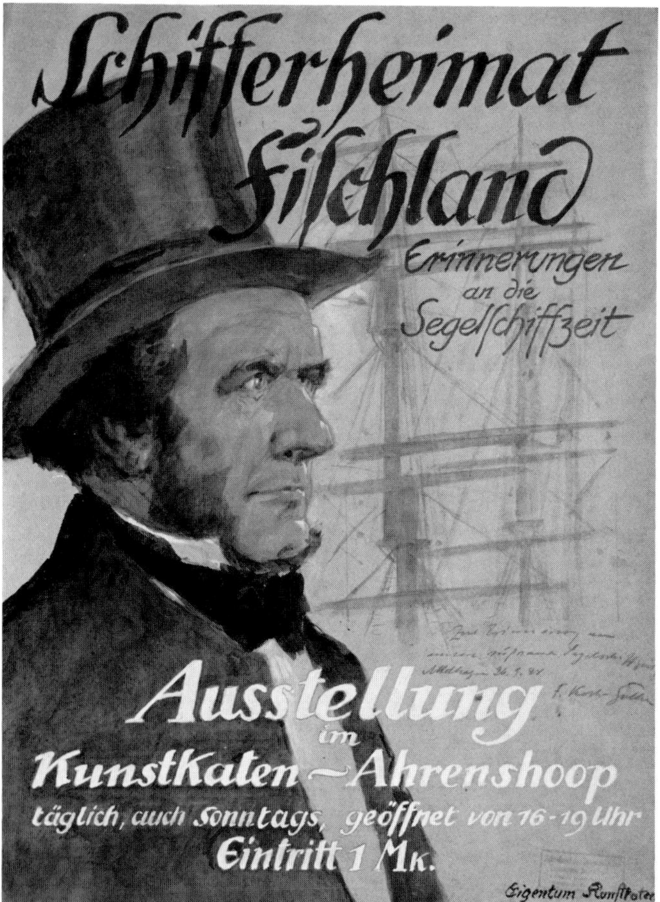

Plakat für eine der ersten Ausstellungen im „Kunstkaten“
nach dem Kriege, 1948

Nach dem entsetzlichen zweiten Weltkrieg hatten sich abermals die Reihen in Ahrenshoop und Umgebung gelichtet. Hans Emil Oberländer, Bruno Gimpel, Korl Meyer, Alfred Partikel, Johann Jaenichen, Ortrud Abeking lebten nicht mehr, Gerhard Marcks war nach Hamburg gegangen. Es blieb ein kleiner Künstlerkreis zurück, aber es kamen auch wieder neue Namen hinzu: Georg Hülsse, der Graphiker, Klaus Müller-Schönefeld, der Maler.

Am 18. August 1946 war es endlich soweit, der Kunstkaten wurde wieder seiner eigentlichen Bestimmung übergeben und mit einer Ausstellung von Künstlern des Fischlandes eröffnet. Fritz Koch-Gotha, Dora Koch-Stetter, Hedwig Woermann, Gerhard Marcks, Franz Triebsch, Hans Brass, Erich Theodor Holtz, Hedwig Holtz-Sommer stellten aus, auch neue Namen waren darunter: Arnold Klünder, Wilhelm Löber und Doris Oberländer. Die Bildhauerin Doris Oberländer (1909–1989), Witwe des Rostokker Malers Hans Emil Oberländer, ließ sich bereits 1937 in Ahrenshoop nieder. Sie schuf Kanzel und Taufständer für die 1951 erbaute Ahrenshooper Kapelle. Das gibt die Möglichkeit, ihr künstlerisches Schaffen jederzeit zu erleben. Wilhelm Löber (1903–1981) war ebenfalls Bildhauer und außerdem Schüler von Gerhard Marcks. Auf dem Marktplatz von Barth kann man einem seiner Werke begegnen, es ist ein Brunnen, von Löber entworfen und ausgeführt. Mit dem Namen Löber verbindet sich auch der Gedanke an die vielbegehrte Keramik von ganz eigenem Reiz, der sogenannten Fischlandkeramik. Heute führt der Kunsthandwerker Friedemann Löber das Werk der Eltern fort.

Auch im Hause Klünder, dem Anwesen, in dem einst die Familie Koch-Gotha wohnte, wirkt heute bereits die dritte Künstlergeneration. Der Schwiegersohn, der Maler Arnold Klünder, bevorzugte für seine Landschaftsdarstellungen die

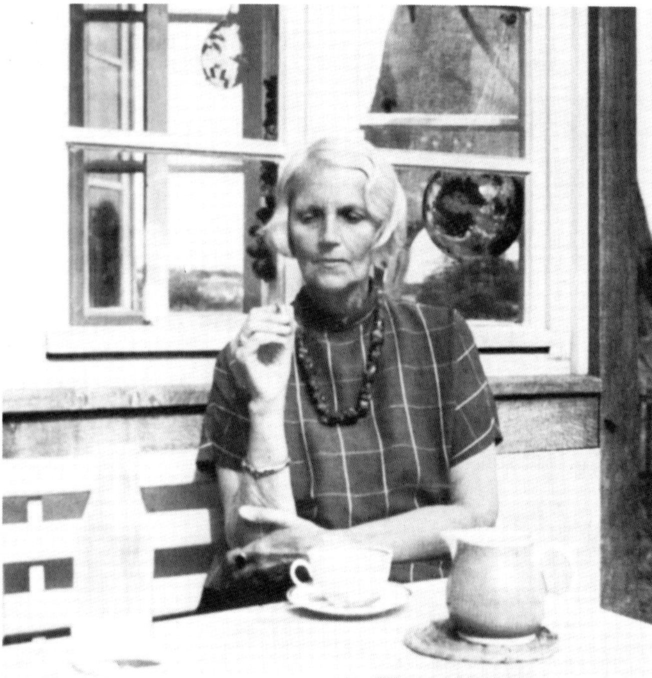

Die Bildhauerin Hertha von Guttenberg lebte lange Zeit in Ahrenshoop.

Aquarelltechnik und suchte ganz eigene, der Landschaft entsprechende Form- und Farbwerte. Für die Seefahrtschule Wustrow entstand ein Wandbild, das er gemeinsam mit Hedwig Holtz-Sommer schuf. Ende der 50er Jahre beschäftigte er sich, wie Wilhelm Löber, mit der Keramik, nach seinem Tode wurde diese Kunst von seiner Frau Barbara Klünder weitergeführt. Heute ist es der Sohn Johannes Klünder, der die wunderbaren Gefäße entstehen läßt.

Aus dem nahegelegenen Boddendorf Pruchten kam der Maler Klaus Müller-Schönefeld (1910) nach Althagen, um, wie es heißt, seinen Künstlerkollegen näher zu sein. Vor einigen Jahren gab eine Ausstellung im Kunstkaten Ein-

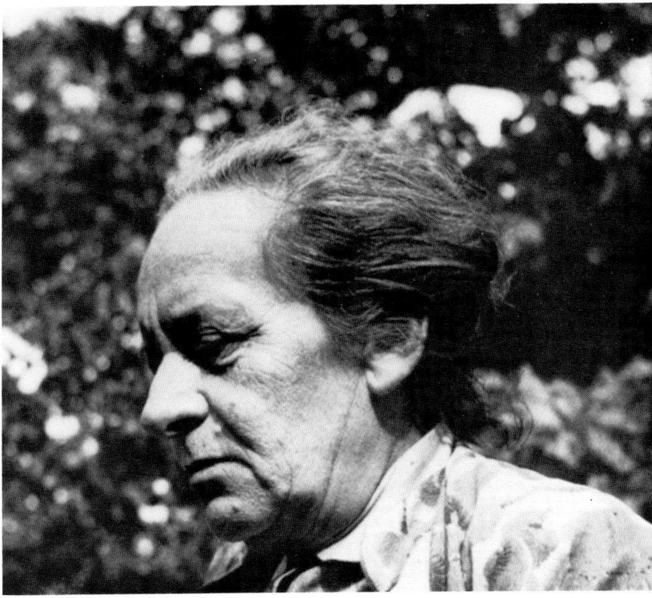

Die Schriftstellerin Käthe Miethe. Sie gilt trotz vieler auf dem Fischland tätigen Schriftsteller als die wichtigste Schriftstellerin für die Künstlerkolonie Ahrenshoop, da ausnahmslos alle ihrer zahlreichen Romane und Erzählungen auf diesem Landstrich ihre Handlung haben. Obwohl sie als gründliche Kennerin des Fischlandes galt, ist sie erst mit vierzig Jahren das erste Mal in Ahrenshoop gewesen, um sich 1939 endgültig in Althagen, an der Grenze zu Ahrenshoop niederzulassen.

blick in sein künstlerisches Schaffen, den Schwerpunkt bildeten Landschaftsaquarelle vom Darß und Fischland.

Seit vier Jahrzehnten lebt Georg Hülsse (geb. 1914) in Ahrenshoop und bewohnt ein phantasievolles Haus, das vor seiner Umsetzung auf Ahrenshooper Boden den Darßer Fischern einst als Räucherkaten diente. Ein anspruchsvolles Atelier erlauben solche Katen meist nicht, und so schafft Georg Hülsse unter ähnlichen Bedingungen wie ehemals der ehrwürdige Koch-Gotha und andere damals auf dem Fischland wirkende Künstler.

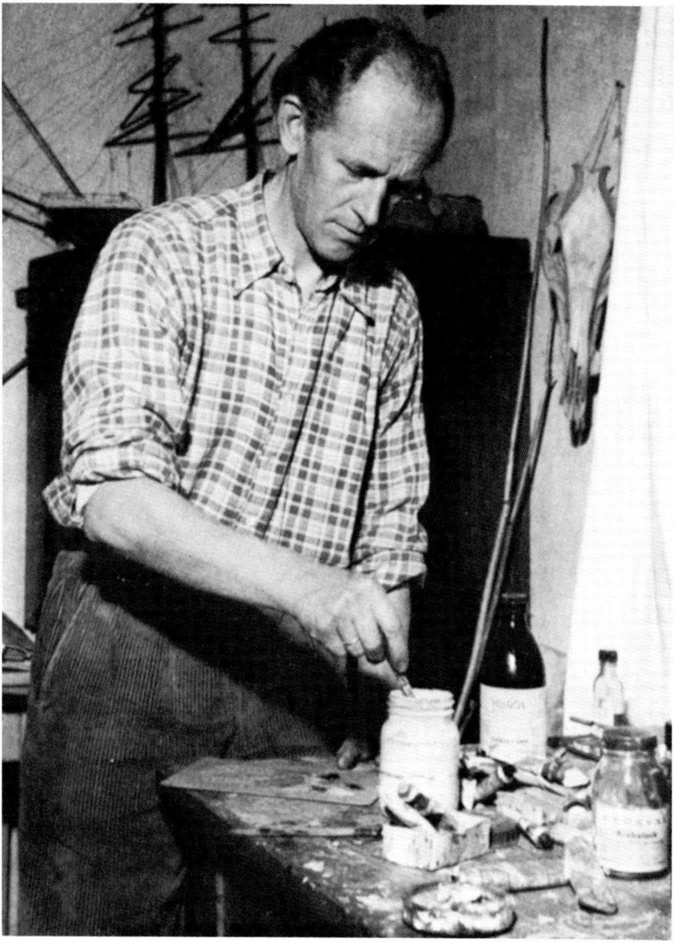

Der Maler Arnold Klünder in seinem Atelier in Althagen. Er, der Schwiegersohn von Fritz Koch-Gotha, hat sich in den letzten Jahren auch als Keramiker betätigt. Viele seiner Motive hängen mit der Seefahrt zusammen, da er selbst viele Jahre zur See gefahren ist.

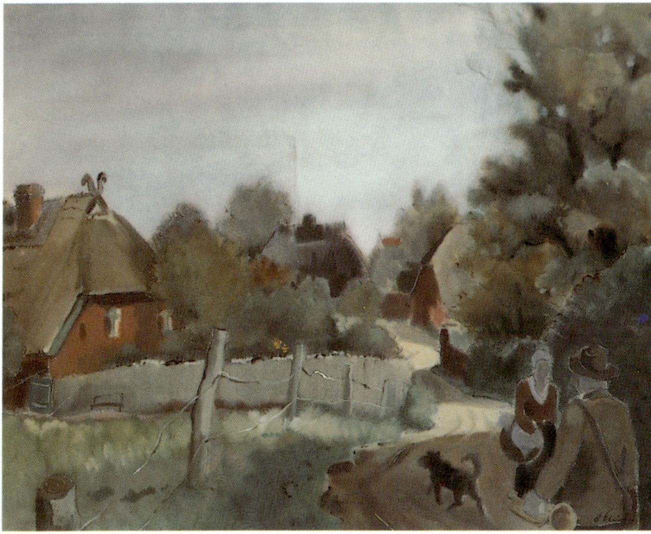

Arnold Klünder, Dorfstraße in Althagen, um 1950

Gleichfalls wie Altmeister Koch-Gotha gestaltete Georg Hülsse, der sich der Gebrauchsgraphik und Buchillustration verschrieben hatte, das Werk Käthe Miethes. Fördernd trat dabei der Verlag Peter E. Erichson auf, wie er es vordem u. a. bei Gerhard Marcks und Koch-Gotha getan hatte.

Ob Grafik, Fotografik, Fotografie oder seit einigen Jahren verstärkt Aquarelle – Georg Hülsse schuf Besonderes. Ausstellungen im Prerower Museum und im „Kunstkaten Ahrenshoop", dem 75. Geburtstag des Künstlers gewidmet, zeigten Landschaftsaquarelle voller Zauber und Harmonie. Ein Künstler, der sich nicht begnügt, die ästhetischen Reize dieser Landschaft wiederzugeben, sondern durch sein Engagement sich um deren Erhaltung müht.

Neben dem Platz, wo einst die Ahrenshooper Mühle stand, steht ein Haus, das an die Rostocker Bildhauerin Hertha von Guttenberg (geb. 1896) erinnert. Viele Monate

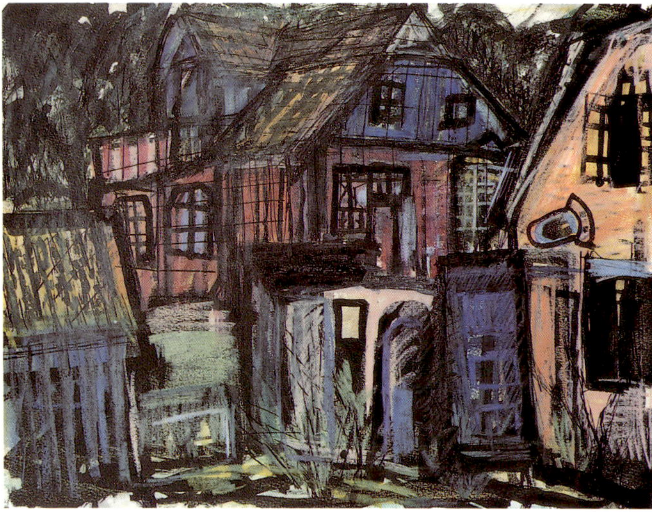

Hanns Schimansky, Sommerhaus Ahrenshoop, 1983

des Jahres wirkte sie hier. Sie, die Porträtplastikerin, schuf in dieser Zeit auch den Kopf „Arnold Klünder". Als Hertha von Guttenberg vor einigen Jahren nach München zu ihrer Tochter übersiedelte, vermachte sie das Sommerhaus ihren Künstlerkollegen, den mecklenburgischen Bildhauern, zu denen sie ein sehr gutes Verhältnis hatte. Eine phantastische Idee, wurde doch dadurch schon vielen Künstlern des Landes, auch anderen Genres, die Möglichkeit eines Studienaufenthaltes in Ahrenshoop gegeben. Und heute noch fesselt das Fischland auch junge Künstler. Stellvertretend für viele soll hier der in Rostock aufgewachsene Hanns Schimansky mit seinem vom expressionistischen Duktus geprägten Werk stehen. Seit seiner Meisterschülerzeit bei Kettner lebt er in Berlin, doch immer wieder war die Küste anregend für seine schöpferische Arbeit.

Ahrenshoop mit seinem Umfeld Althagen und Niehagen blieb auch nach dem zweiten Weltkrieg ein Badeort mit

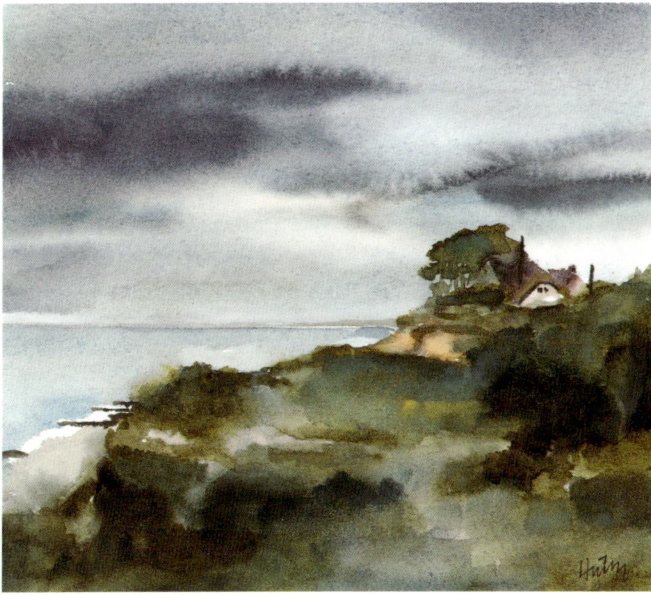

Georg Hülsse, Hohes Ufer, Aquarell, 1985

besonderem kulturellen Flair, das Mekka der Film- und Theaterleute, Schriftsteller, Musiker und Maler. Ein Ort der Muße und der schöpferischen Anregung durch Land und Leute und das Engagement so mancher Kunstfreunde. Sie gehören einfach zur Ahrenshooper Saison: die Ausstellungen im Kunstkaten, die Kunstauktionen, Konzerte und Vorträge, auch die Sonderausstellungen der „Bunten Stube“. Man muß sie erwähnen, die „Bunte Stube“, prägt sie doch ein Stück Kulturgeschichte des Ortes. Seit ihrer Gründung im Jahre 1922 gehörte das Geschäft, der heutige Kunstgewerbeladen, zum Kern des Ahrenshooper Lebens.

Die Berlinerin Martha Wegscheider nutzte ihr ererbtes Anwesen, das ehemalige Grundstück des Malers Körte, und eröffnete ein Geschäft mit einem breiten Angebot und

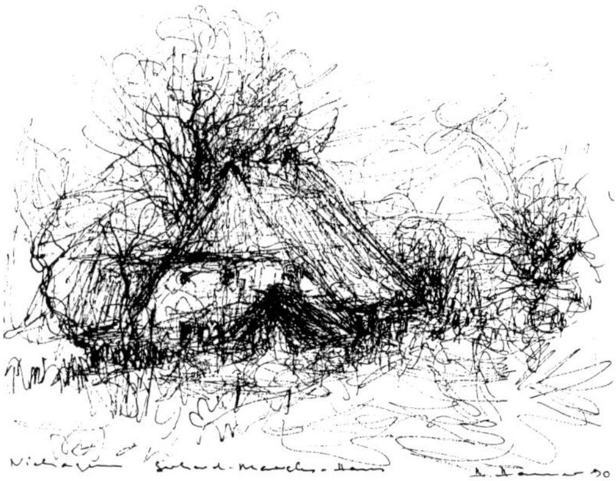

Hartwig Hamer, Aus dem Ahrenshooper Skizzenbuch, 1990

einem Service von der Lesestube bis zum Frisiersalon. Ihr Lebensgefährte, der Maler Hans Brass (1885–1959), hielt sich von 1921 bis 1951 meist in Ahrenshoop auf. Er war Mitglied der Novembergruppe. Sein Schaffen war dem Kubismus, später der Neuen Sachlichkeit verbunden. Der Charakter der Bunten Stube wurde durch Hans Brass maßgeblich mitbestimmt. Das begann bei der Gestaltung von Werbe- und Verkaufsgrafik, bezog sich auf die Innenarchitektur des Verkaufsraumes und ging bis zum Einfluß auf die äußere Gestaltung des Hauses. Der Bauhaus-Architekt Walter Butzek aus Rostock gab der Bunten Stube 1929 ihre unverwechselbare äußere Gestalt. Das Geschäft ist in der dritten Genration im Besitz der Familie Wegscheider.

Die Gunst der Nach-Wendezeit in der DDR nutzend, riefen Ahrenshooper Künstler und Kulturschaffende gemeinsam mit anderen Bürgern der Gemeinde im Frühjahr 1990 den „Förderkreis Ahrenshoop e. V." ins Leben, der sich den Ahrenshooper Traditionen ebenso verpflichtet fühlt wie der Gegenwart und Zukunft dieses reizvollen Ortes zwischen Meer und Bodden, an der Grenze zwischen Fischland und Darß.

ANMERKUNGEN ZU:
AHRENSHOOP – EIN VOR-POMMERSCHES GRENZDORF

1 Erdgeschichtlich läßt sich aber nicht daran rütteln, daß eben diese Litorinazeit vor etwa 7500 Jahren zur Entstehung dieses herrlichen Fleckchens Erde und Wasser geführt hat, um das es u.a. in diesem Buch gehen soll und das so viele Menschen bisher schon fasziniert hat. Die letzte Eiszeit (bisher) fand in dieser Zeit ihr Ende. Etwa ab 3400 v.u.Z. bildete sich der heutige Küstenverlauf heraus (die Veränderungen durch die Küstendynamik seither muß man berücksichtigen).

2 Ein Kapitel über den Küstenschutz und die Unvernunft vieler Feriengäste wäre anzuschließen. Es sollte an dieser Stelle aber der erhobene Zeigefinger genügen und denjenigen, die bei einem lauen Sommerwind sich derartige Szenen nicht vorstellen können, in den Dünen liegen und die Anpflanzungen des Strandhafers zerstören, „Die Flut" zur Pflichtlektüre gemacht werden.

3 Ein Zufall der Geschichte fügte es, daß die schönsten Stücke von dem Bremer Kaffee-Kaufmann und Förderer der Worpsweder Künstler, Dr. Roselius, gekauft wurden und heute in Worpswede zu besichtigen sind.

4 Das anhaltend große Interesse, das Sammler diesen heute nutzlos erscheinenden Tierchen entgegenbringen, hängt möglicherweise auch mit der bis heute nicht bewiesenen pikanten Geschichte zusammen, daß sie den Damen des horizontalen Gewerbes in den Hafenstädten als „Ladenschild" gedient haben sollen. Im Fenster stehend zeigten sie mit einander zugewandten Köpfen an, daß die Dame „besetzt" sei. Standen sie mit dem Rücken zueinander, durfte man eintreten. (Womit diese unbewiesene Geschichte wieder einmal kolportiert und die Nutzlosigkeit der Hunde angezweifelt wäre.) Nur ist ein derart verwerfliches Treiben in einem Dorf wie Ahrenshoop im 19. Jahrhundert schlichtweg undenkbar. Dort verursachten schon uneheliche Geburten einen Skandal. Tatsache ist, das diese Hunde englische Massenware waren und ihren Ursprung als Kaminhunde hatten. In England waren sie wirklich „Hurenhunde", was auch die Fischländer Schiffer wußten. Auf Fischland, Darß und Zingst zeigten sie ganz züchtig – im Fenster stehend – an, ob der Seemann auf Fahrt oder daheim war. Auch Kapitänsbilder auf den Dielen wurden danach gehängt: war der Fahrensmann auf dem Meer, zeigte das Schiff nach draußen, kam er wieder, wurde es auf die andere Seite gehängt und zeigte dann nach innen.

ANMERKUNGEN ZU: MALER ENTDECKEN UND WANDELN EIN DORF

1 Siehe Wietek, Gerhard: Deutsche Künstlerkolonien und Künstlerorte, München 1976; hier: Einführung S. 6 ff.

2 Siehe Wietek a. a. O., der über weitere Künstlerkolonien, die es fast zur gleichen Zeit in dem Deutschland der Jahrhundertwende gab, sehr ausführlich informiert.

3 Schon zu Lebzeiten war er als Künstler anerkannt und bereits 1890 mit dem Professorentitel geehrt worden.

4 Kaum etwas Dokumentarisches gibt es über die Anfangstage der Künstlerkolonie Ahrenshoop. Die meisten Überlieferungen kommen von den Malern selbst oder aus den Mündern der Ahrenshooper. Trotz aller Gemeinsamkeiten hat es bedauerlicherweise niemand für nötig befunden, Schriftliches aufzubewahren oder zu sammeln. So sind viele Arbeiten der Maler verlorengegangen, einiges hängt noch unbekannt in Privatbesitz oder ist in Vergessenheit geraten. Vieles ist auch durch den Krieg zerstört worden. Nicht alles ist in den Sammlungen von Museen für die Nachwelt erhalten geblieben. So fehlt von einigen Künstlern jedes Werk, häufig ist nicht mal ein einziges auffindbar. Die jahrzehntelange Nichtbeachtung der Ahrenshooper Künstler verhinderte auch beinahe jede längst notwendige Aufarbeitung der Künstler und ihrer Arbeit.

ANMERKUNGEN ZU: KÜNSTLER UND KÜNSTLERVOLK:

1 Käthe Miethe, „Das Fischland“, Hinstorff Verlag, Rostock 1949

2 Detlef Hamer, „Gerhard Marcks – Bilder aus Niehagen, Briefe nach Mecklenburg“, Hinstorff Verlag, Rostock 1989

3 Inge von Wangenheim, „Schauplätze und Bilder eines Lebens“, Rudolstadt 1983

4 Herbert Sandberg, „Marcks, der Grafiker“, in Magazin Heft 3, Berlin 1990

5 Zwischen Wustrow und Ahrenshoop liegt Althagen. Die alten gediegenen Rohrdachkaten fügen sich malerisch in die Landschaft längs des Boddens. Bereits 1895 hatten drei Maler dieses Fischerdorf für sich entdeckt und sich hier niedergelassen: Die Berliner Karl Friedrich Koch und Hugo Jaeckel und der Thüringer Heinrich Schlotermann.

LIERATURAUSWAHL:

1. Ulrich Thieme / Felix Becker:
Allgemeines Lexikon der bildenden Künstler von der Antike bis zur Gegenwart, Verlag von E. A. Seemann, Leizig
2. Hans Vollmer:
Allgemeines Lexikon der bildenden Künstler des XX. Jahrhunderts, E. A. Seemann Verlag, Leipzig
3. Hermann Glander / Erich Venzmer:
Ahrenshoop. Petermänken Verlag Schwerin, 1963
4. Ernst Schlüter:
Von Warnemünde bis Wustrow. Eine Strandwanderung. Mecklenburgische Monatshefte. 1925. 1. Jahrgang. S. 344 ff.
5. Johann Joachim Bernitt:
Malerei aus den Künstlerkolonien Ahrenshoop und Schwaan. Kulturhistorisches Museum Rostock. Begleitheft 5. Rostock, 1987
6. Hermann Glander:
Ahrenshoop. Maler entdecken ein Dorf. Ernst Wähmann Verlag, Schwerin, 1981
7. Gerhard Wietek:
Deutsche Künstlerkolonien und Künstlerorte. Verlag Karl Thieme, München
8. Paul Müller-Kaempff:
Erinnerungen an Ahrenshoop. Mecklenburgische Monatshefte. 1926. 2. Jahrgang. S. 333 ff.
9. Christine Knupp-Uhlenhaut:
Ahrenshoop, Darß und Fischland. Norddeutsche Künstlerkolonie III. Altonaer Museum in Hamburg. Norddeutsches Landesmuseum. 1978
10. Käthe Miethe:
Das Fischland. Ein Heimatbuch mit Zeichnungen von Fritz Koch-Gotha. Rostock 1949
11. Bildende Kunst, Heft 4/1954
12. Mecklenburgische Monatshefte, 1929
13. Magazin. Heft 3, Berlin. 1990
14. Sibylle. Heft 2/1988. Verlag für die Frau, Leipzig/Berlin
15. Marginalien, 1982
16. Ringeling, Gerhard, Fischländer Volk, Geschichte und Schicksal einer mecklenburgischen Küstenlandschaft, Rostock 1947.
17. Miethe, Käthe, Die Flut. Bilder vom alten Ahrenshoop, Rostock 1963.
18. Kasten, Herber A. W., Der Darß. Urwald zwischen Meer und Bodden, Radebeul/Berlin 1952.
19. Günther, Franz, Der Darß. Vom Leben und Werden des Darß, Leipzig/Jena 1957.
20. Fischland, Darß, Leipzig 1986.

KÜNSTLER, DIE IN AHRENSHOOP GELEBT UND GEARBEITET HABEN

Abeking, Hermann	1881–1939	Zeichner, Karikaturist
Abeking, Elly, Grube	1872–1945	Malerin
Abeking, Ortrud	1904–1945	Schauspielerin/Malerin
Abeking, Thomas	1909	Architekt/Grafiker
Andrae, Elisabeth	1876–1960	Malerin
Anger, Charlotte	1875–?	Malerin/Kunntgewerblerin
Arlt, Karl-Heinz	1933	Gebrauchsgrafiker
Aue, Jochen	1937	Maler
Balzer, Thuro	1882–1967	Maler/Kunsterzieher
Bartels, Rudolf	1872–1967	Maler
Becher, Johannes R.	1891–1958	Schriftsteller
Bergander, Rudolf	1909–1970	Maler
Birnschein, Alfred	1908	Maler
Brass, Hans	1885–1959	Maler
Chaufel (von Choffel), Henriette		Malerin
Dähn, Fritz	1908	Maler/Professor
Denecke, Walter	1906–1976	Maler
Dettmann, Ludwig	1865–1944	Maler
Diehn-Bitt, Kate	1900	Malerin
Douzette, Loius	1834–1924	Maler
Dressler, August Wilhelm	1886–1970	Maler
Droß, Liselotte	1887	Malerin
Edel, Edmund	1863–?	Maler/Illustrator
Eichstaedt, Rudolf	1857–1924	Historienmaler
Eicken, Elisabeth von	1862–1940	Malerin
Enking, Ottomar	1867–1945	Schriftsteller
Flickel, Paul	1852–1903	Maler
Frenzel, Oskar	1855–1915	Maler
Fritsch Ernst	1892–1965	Maler/Professor
Friedrich Alexander	1895–1968	Maler
Gabriel, Manfred	1930	Maler/Grafiker
Gerresheim, Anna	1852–1921	Malerin
Gilles, Werner	1894–1961	Maler
Graef, Ernst	1909	Grafiker
Gravenhorst, Hans Ulrich	1941	Maler/Grafiker
Gramatté, Walter	1897–1929	Maler/Autodidakt
Grebe, Fritz	1850–?	Maler
Guttenberg, Hertha von	1896–?	Malerin
Haff, Inge	1909	Malerin

Hassebrauk, Ernst	1905	Maler
Hamer, Hartwig	1942	Maler/Aquarellist
Hauptmann, Ivo	1886–1973	Maler
Hauth, Emil von	1899	Maler
Hauser, Heinrich	1901–1955	Schriftsteller
Heckel, Erich	1883–1907	Maler/Professor
Hegewald, Hella		Malerin
Hellweg, Rudolf	1867–1942	Maler
Helms, Paul	1884–1961	Maler/Professor
Heydorn, Volker Detlef	1920	Maler
Hoffmann, Norbert	1935	Maler
Holtz, Erich Theodor	1885–1956	Maler
Holtz-Sommer, Hedwig	1901–1970	Malerin
Hops, Walter Tom	1906–1977	Maler/Autodidakt
Hülsse, Georg	1914	Maler/Grafiker
Jaeckel, Hugo	1864–?	Landschaftsmaler
Jansen, Fritz	1892–1974	Maler
Jastram, Joachim	1925	Bildhauer
Jawlensky, Alexej von	1864–1941	Maler
Johnsen, Günther	1908–1942	Maler
Kardoff, Konrad von	1877–1945	Maler/Kunsterzieher
Kaulbach, Georg	1866–1945	Maler
Kaysel, Otty	1875–1956	Maler
Keler, Peter	1898–?	Maler/Architekt
Kempin, Lely		Schriftstellerin
Kesting, Edmund	1892–1970	Maler/Kunsthandwerker
Kinder, Hans	geb. 1900	Maler
Klatte, Ruth	geb. 1925	Malerin/Grafikerin
Klein, Ceasar	1876–1954	Maler/Professor
Klünder Arnold	1909–1976	Maler/Grafiker
Klünder, Johann	1950	Keramiker
Koch, Carl Friedrich	1856	Maler
Koch-Gotha, Fritz	1877–1956	Zeichner/Illustrator
Koch-Stetter, Dora	1881–1968	Malerin
Körte, Martin	1857	Portraitmaler/Professor
Kretschmar, Bernhard	1889–1972	Maler
Kronenberg, Fritz	1901–1960	Maler
Liessner-Blomberg, Elena	1897–1978	Malerin
Lindh, Max	1890–1971	Maler
Lingner, Max	1888–1959	Maler/Professor
Loch, Gotthard	1923	Maler/Grafiker
Löber, Wilhelm	1903	Bildhauer
Löber, Friedemann	1939	Keramiker

Loewig, Roger	1930	Zeichner/Dichter
Malchin, Carl	1838–1923	Maler/Grafiker
Marcks, Gerhard	1889–1981	Bildhauer/Grafiker
Menz-Kessel, Frida	1878–?	Malerin
Meier, Hannes	1936	Aquarellist/Maler
Meyer, Korl	1902–1945	Maler
Meyn, Georg Ludwig	1859–1920	Genre/Portraitmaler
Miethe, Käthe	1893–1961	Schriftstellerin
Mohr, Arno	1910	Maler/Professor
Müller-Kaempf, Paul	1861–1941	Maler/Grafiker
Müller-Rabe, Klaus	1910	Maler
Müller-Schoenfeld, Klaus	1910	Maler
Nerlich, Georg	1892	Maler/Professor
Nerlinger, Oskar	1893–1969	Maler/Professor
Neubauer, Klaus	1944	Dekorationsmaler
Oberländer, Hans Emil	1885–1945	Maler
Oberländer-Seeberg, Doris	1902–1987	Bildhauerin
Pannewitz, Elisabeth von		Malerin
Paris, Ronald	1933	Glasmaler
Partikel, Alfred	1888–1945	Maler/Radierer
Rettich, Karl	1841–1904	Maler
Richter-Lefensdorf	1854–1904	Maler
Schäfer-Ast, Albert	1890–1951	Zeichner/Grafiker
Schlotermann, Heinrich	1859–1922	Maler
Schorn, Theobald	1866–1915	Maler
Schultze-Jasmer, Theodor	1888–1975	Maler/Grafiker
Schultz, Hans-Wolfgang	1910–1967	Maler
Schuhmacher, Ernst	1905	Maler/Professor
Schwarz, Heinrich	1903–1977	Maler/Jurist
Schimmer, Max	1895–1960	Grafiker/Illustrator
Sandberg, Herbert	1908	Grafiker/Maler
Seitz, Gustav	1906–1969	Bildhauer
Sinkwitz, Paul	1899	Maler
Stratil, Karl	1894	Grafikerin/Illustrator
Stoermer, Carl	1891–1976	Maler
Stort, Eva	1855–1936	Malerin
Szpinger, Alexander von	1899	Maler
Teichmann, Alfred	1903	Maler
Triebsch, Franz	1870–1956	Maler
Tschirch, Egon	1889	Maler/Buchgestalter
Tucholski, Herbert	1896	Maler
Vent, Hans	1934	Maler
Venzemer, Erich	1893–1975	Maler/Grafiker

Wachenhusen, Friedrich	1859–1925	Maler
Werefkin, Marianne von	1860–1938	Malerin
Wittig, Werner	1930	Maler
Woermann, Hedwig	1879–1960	Malerin/Bildhauerin
Wutzkowsky, Alexa	1899	Maler

DANKSAGUNGEN UND BILDNACHWEIS

Die Autoren und der Verlag bedanken sich bei allen Leihgebern für die bereitwillige Unterstützung zu diesem Buch, das erstmals nach fast 30 Jahren versucht, die Aufarbeitung der Künstlerkolonie Ahrenshoop zusammenfassend darzustellen. Besonderer Dank gilt Herrn Friedrich Schulz, Berlin („Ahrenshoop", 1990 und „Wustrow", 1990, Verlag „Bunte Stube", Ahrenshoop), für seine sachkundige Begleitung. Der Verlag Atelier im Bauernhaus, Fischerhude, und das Historische Museum Rostock sind dankbar für jeden weiteren Hinweis auf die Künstlerkolonie Ahrenshoop in bezug auf Bilder, Künstler und Materialien.
Alle Hinweise werden selbstverständlich vertraulich behandelt.

Bildnachweis:
Kulturhistorisches Museum, Rostock: Seite 14/15, 21, 23, 25, 28 (ehemals Galerie Jens-H. Bauer, Hannover), 40, 43, 51, 53, 56, 57, 58, 59, 63, 66, 68, 69, 70, 71, 72, 73, 75, 76, 78, 79, 80, 81, 82, 83, 84, 86, 87, 90, 91, 93, 95, 96, 97, 98, 99, 101, 102, 107, 108
Archiv Verlag Atelier im Bauernhaus: Seite 7, 8, 9, 11, 22, 34, 54, 60, 62, 64, 85, 92, 104, 105, 106
Staatliches Museum Schwerin: Seite 18, 27
Landesmuseum Oldenburg: Seite 20, 30/31
Haus Mecklenburg, Ratzeburg: Seite 36, 49
Altonaer Museum, Hamburg: Seite 89
Privatbesitz: Seite 39, 44, 45, 46, 47, 48, 60, 61, 88, 109, 110

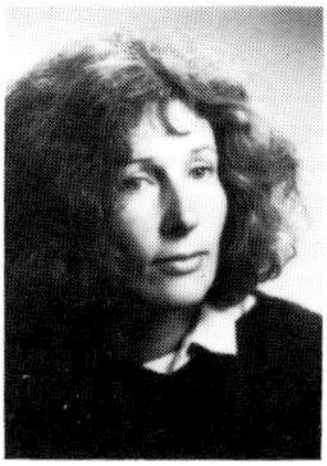

Barbara Bohn
geboren am 9.7.1944 in Belgern/Elbe.
1951 Übersiedlung nach Berlin, dort Abitur 1963 anschließend Studium an der Universität Greifswald (Kunsterziehung/Geschichte)
1965 5monatige Seereise nach Indien. Nach dem Examen 1967 Arbeit als Kunsterzieherin bis 1977
1968 und 1971 Geburt der Töchter
Seit 1978 wissenschaftliche Mitarbeiterin am Kulturhistorischen Museum Rostock
Neben der beruflichen Tätigkeit Mitglied eines Malzirkels, bis 1984 Beteiligung an Ausstellungen

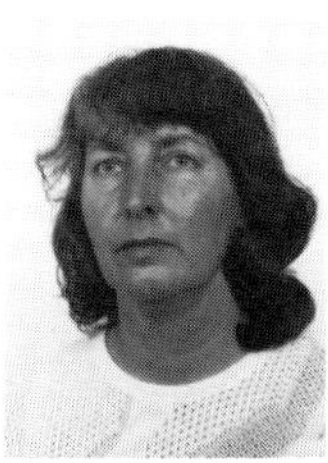

Vera Bombor
geboren 1939 in Rostock.
Nach dem Abitur Studium der Kunsterziehung und Germanistik von 1963 bis 1967 an der Humboldt-Universität zu Berlin.
1967 Staatsexamen, danach Tätigkeit als Kunsterzieher und Fachlehrer für Deutsche Sprache und Literatur in Rostock.
Seit 1987 wissenschaftliche Mitarbeiterin am Kulturhistorischen Museum Rostock.

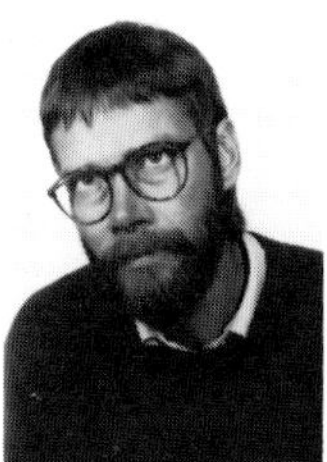

Wolf Karge ist 1951 in Schwerin geboren und wuchs in Heiligendamm auf.
Er studierte in Potsdam Archivwesen und an der Humboldt-Universität zu Berlin Geschichte. An der Rostocker Universität promovierte er mit einer regional- und sozialgeschichtlichen Arbeit. Nach einigen Jahren Tätigkeit im Staatsarchiv Schwerin wechselte er das Fach und ist seit dreizehn Jahren im Kulturhistorischen Museum Rostock, dessen Direktor er seit 1987 ist. Seine wissenschaftliche Tätigkeit ist auf regionalgeschichtliche Themen aus der zweiten Hälfte des 19. Jahrhunderts orientiert, und in der kunstorientierten Sammlungstätigkeit an seinem Hause hat er die Ahrenshooper und Schwaaner Künstlerkolonien favorisiert.

INHALT